ESTADOS UNIDOS
uma História

COLEÇÃO HISTÓRIA NA UNIVERSIDADE

Coordenação Jaime Pinsky e Carla Bassanezi Pinsky

ESTADOS UNIDOS *Vitor Izecksohn*
GRÉCIA E ROMA *Pedro Paulo Funari*
HISTÓRIA ANTIGA *Norberto Luiz Guarinello*
HISTÓRIA CONTEMPORÂNEA *Luís Edmundo Moraes*
HISTÓRIA CONTEMPORÂNEA 2 *Marcos Napolitano*
HISTÓRIA DA ÁFRICA *José Rivair Macedo*
HISTÓRIA DA AMÉRICA LATINA *Maria Ligia Prado* e *Gabriela Pellegrino*
HISTÓRIA DA ÁSIA *Fernando Pureza*
HISTÓRIA DO BRASIL COLÔNIA *Laima Mesgravis*
HISTÓRIA DO BRASIL CONTEMPORÂNEO *Carlos Fico*
HISTÓRIA DO BRASIL IMPÉRIO *Miriam Dolhnikoff*
HISTÓRIA DO BRASIL REPÚBLICA *Marcos Napolitano*
HISTÓRIA IBÉRICA *Ana Nemi*
HISTÓRIA MEDIEVAL *Marcelo Cândido da Silva*
HISTÓRIA MODERNA *Paulo Miceli*
PRÁTICAS DE PESQUISA EM HISTÓRIA *Tania Regina de Luca*

Conselho da Coleção
Marcos Napolitano
Maria Ligia Prado
Pedro Paulo Funari

Proibida a reprodução total ou parcial em qualquer mídia
sem a autorização escrita da editora.
Os infratores estão sujeitos às penas da lei.

A Editora não é responsável pelo conteúdo deste livro.
O Autor conhece os fatos narrados, pelos quais é responsável,
assim como se responsabiliza pelos juízos emitidos.

Consulte nosso catálogo completo e últimos lançamentos em www.editoracontexto.com.br.

Vitor Izecksohn

ESTADOS UNIDOS
uma História

Coleção
HISTÓRIA
NA UNIVERSIDADE

Copyright © 2021 do Autor

Todos os direitos desta edição reservados à
Editora Contexto (Editora Pinsky Ltda.)

Imagem de capa
Kurz & Allison, *Batalha de Chickamauga*,1890

Montagem de capa e diagramação
Gustavo S. Vilas Boas

Preparação de textos
Lilian Aquino

Revisão
Bruno Rodrigues

Dados Internacionais de Catalogação na Publicação (CIP)

Izecksohn, Vitor
Estados Unidos : uma História / Vitor Izecksohn. –
1. ed., 2ª reimpressão. – São Paulo : Contexto, 2024.
176 p. : il. (História na universidade)

Bibliografia
ISBN 978-65-5541-058-7

1. Estados Unidos – História I. Título II. Série

20-4122	CDD 973

Andreia de Almeida CRB-8/7889

Índice para catálogo sistemático:
1. Estados Unidos – História

2024

EDITORA CONTEXTO
Diretor editorial: *Jaime Pinsky*

Rua Dr. José Elias, 520 – Alto da Lapa
05083-030 – São Paulo – SP
PABX: (11) 3832 5838
contato@editoracontexto.com.br
www.editoracontexto.com.br

Sumário

Introdução 9

Independência, guerra e ratificação da Constituição 15
    Fissuras 17
    Independência e guerra 22
    Impasses 25
    A Confederação 27
    Uma união mais perfeita 30

Política e sociedade na nova República, 1790-1820 35
    O governo de George Washington 37
    A neutralidade num ambiente internacional hostil 41
    Uma guerra não declarada contra a França 45
    A Revolução de 1800 47
    Agrarismo e escravismo 48
    A Guerra de 1812 53
    A Doutrina Monroe 54
    Expansionismo e escravismo 57

Expansionismo, democracia e secessão 63

O fim de uma era 64

A organização do Partido Democrata 67

O segundo sistema partidário 72

Religião e reformas – o despertar do abolicionismo imediatista 73

A expansão da escravidão 76

O sistema de espólios 79

A crise da nulificação 80

Guerra contra o México 81

O crescimento das tensões regionais 82

O controle do Estado 86

Escravidão, espólios e Estado 88

Rumo à Guerra Civil 89

E veio a guerra...
A Guerra Civil Americana
e a transformação dos Estados Unidos 93

A eleição de 1860 95

A primeira onda de separações 98

Saídas para a crise 99

Primeiros movimentos 101

Operações iniciais 102

Criando exércitos para os primeiros combates 104

Propósitos 107

Os esforços de guerra 109

Cansaço 117

A marcha da guerra 117

Abolição e guerra total 118

Vicksburg e Gettysburg, os pontos de virada da campanha 121

Os soldados negros 123

A eleição presidencial de 1864 126

O fim da Confederação 127

A Reconstrução: dilemas da ação estatal no Sul pós-guerra 131

Lincoln e o Sul 135

Os libertos 137

Quarenta acres e uma mula 138

A Secretaria dos Libertos 141

Os códigos negros 142

A Reconstrução presidencial 142

A Reconstrução radical 143

O *impeachment* de Johnson 152

A eleição de Ulisses Grant 152

As transformações da Reconstrução no Sul 154

Paradoxos da Reconstrução radical 156

Os "redentores" e o fim da Reconstrução 158

Conclusão 162

As batalhas sobre a Reconstrução 164

Recapitulando 167

Sugestões de leitura 173

Introdução

Entre a criação de uma república nos confins do Atlântico Norte e sua transformação numa potência mundial, os norte-americanos percorreram um caminho relativamente rápido. Sua trajetória foi marcada por uma desconfiança profunda em relação ao Estado central, por compromissos políticos regionais, por guerras civis e internacionais e por uma postura agressiva de aquisição territorial baseada num suposto "destino manifesto", por meio do qual os norte-americanos expandiriam suas instituições através do continente. Algumas das principais instituições do país foram estabelecidas durante os seus cem primeiros anos de existência. Elas associavam o credo liberal a uma ligação profunda com a religião num nível raramente alcançado por outras nações.

Até meados do século XVIII as colônias inglesas da América continental compunham

10 ESTADOS UNIDOS

um mosaico de coletividades, fracamente conectadas umas às outras. As variações regionais nos padrões demográficos, migratórios, religiosos e na organização do trabalho tornam difícil qualquer generalização. A despeito da enorme diversidade, é possível identificar pelo menos um ponto em comum a todas elas: no panorama colonial inexistia centralização político-administrativa. Em consonância com essa limitação, as atividades administrativas e militares nessas regiões envolveram um grau muito menor de centralização e acumulação de poderes que na Europa continental e mesmo na Inglaterra. Assim, em contraste com os esforços europeus para estabelecer um "governo direto" através de uma burocracia forte, a cooperação entre agentes públicos e autoridades locais constituiu a principal característica das normas administrativas no panorama colonial da América britânica.

As colônias da América britânica continental que viriam a formar os Estados Unidos surgiram tanto de dissidências religiosas quanto da ambição de seus habitantes pelo sucesso individual. Esses valores refletiriam a ausência de estruturas feudais, fossem monárquicas ou aristocráticas, destacando-se a ausência de um exército profissional de porte. A cultura desenvolvida naquelas colônias inovou ao valorizar a defesa da igualdade de oportunidades, ainda que restrita aos homens brancos protestantes, minimizando as divisões baseadas na hierarquia social e nas diferenças de *status*, exceto no que diz respeito às questões raciais, que sempre dividiram aqueles habitantes. Ela também inovou ao levar em conta a noção da falibilidade humana, ou seja, a constatação de que a ambição, não a virtude, forneceria a melhor alternativa de fiscalização entre os poderes sob os quais seria organizado o governo. Assim, os poderes democráticos, para bem funcionar, precisavam ser permanentemente fiscalizados.

A república, que inicialmente pensou-se agrária e descentralizada, tornar-se-ia cada vez mais industrializada e comercial. Ela evoluiu de um incipiente entreposto de trocas para uma grande referência global para o comércio e a indústria. Durante esse processo, transformações notáveis ocorreram na organização das estruturas políticas da primeira colônia americana a declarar com sucesso sua independência. Desde então suas instituições vêm sendo adaptadas de forma intensa por outras sociedades, na maioria das vezes sem o sucesso da experiência original. E é justamente o processo de criação dessas instituições e a experiência histórica que seu desenvolvimento estimulou que este livro pretende, resumidamente, analisar.

Entre a Independência, em 1776, e os anos 1850, todas as regiões dos Estados Unidos experimentaram um grande desenvolvimento das suas capacidades econômicas, demográficas e democráticas. Até essa época, nenhuma outra sociedade tinha testemunhado transformações tão rápidas num espaço de tempo tão limitado. Os Estados Unidos não apenas criaram instituições novas, como a Suprema Corte ou a presidência da República, mas também patentearam invenções técnicas numa velocidade desconhecida. Escrevendo no final da década de 1830, o aristocrata francês Alexis de Tocqueville observou que o que mais maravilhava um estrangeiro nos EUA era a intensa atividade econômica e a ausência de pessoas muito ricas. Tocqueville pode ter exagerado em relação ao contraste social, mas sua visão implicava o reconhecimento do grande igualitarismo que prevalecia na ideia de uma sociedade com oportunidades abertas para grande parte da população.

Tocqueville faz parte de um grupo ilustre de viajantes que, como o político argentino Domingo Faustino Sarmiento e o sociólogo alemão Max Weber, visitaram os Estados Unidos e refletiram sobre as razões pelas quais o desenvolvimento político daquela sociedade produziu uma república democrática estável, enquanto europeus e latino-americanos continuavam a patinar em suas tentativas de criar sociedades liberais sólidas. Tocqueville foi o primeiro observador a referir-se aos Estados Unidos como uma sociedade excepcional, isto é, qualitativamente diferente de todos os outros países. Desde então, o debate sobre a excepcionalismo americano foi importante para a reflexão sobre o papel daquele país no mundo, suas pautas de política externa, sua missão como líder de determinadas posições. Enfim, o excepcionalismo expressava a visão de uma sociedade dotada de um sentido de missão do ponto de vista do seu papel internacional. Uma liderança que os Estados Unidos exerceram durante boa parte do século XX e que ainda se manifesta na atuação das instituições daquela república.

Os Estados Unidos dominaram amplamente o comércio e os processos de inovação mundial até o início do século XXI e ainda produzem ícones nas áreas da política, da música, do cinema e da televisão. O modo de ser dos habitantes desse país, conhecido como *American way of life*, suas formas de vestir, de comer, seus produtos culturais e suas pautas identitárias exercem forte influência nas agendas de outros povos. A despeito da importância dos EUA em termos econômicos e culturais, a história dos anos centrais para o seu desenvolvimento é raramente discutida no Brasil. Sabemos pouco sobre os impasses e as decisões que marcaram as atitudes de suas elites políticas. Sobre como suas instituições e costumes foram estabelecidos. Sobre os princípios a partir dos quais aquele país se organizou. Do papel da religião na formação de uma mentalidade reformista. Das lutas populares pela ampliação dos direitos. E esse desconhecimento parece absurdo quando se pensa que as relações entre um Brasil independente e os Estados Unidos já contam quase 200 anos. Que durante boa parte desse período, os Estados Unidos foram o principal parceiro comercial do Brasil. Que, para o bem ou para o mal, a política e a cultura produzidas nos Estados Unidos influenciaram diretamente muitos fatos que ocorreram no Brasil.

O objetivo deste livro é de introduzir o leitor brasileiro aos principais processos históricos que marcaram a sociedade dos Estados Unidos durante os anos decisivos do processo de constituição como Estado nacional. Trata-se de uma análise sobre momentos que foram decisivos para a consolidação daquela nação em termos do desenvolvimento econômico, da criação de instituições, da expansão territorial, da unidade política e da expansão dos direitos entre classes, gêneros e etnias. Este livro discutirá como os Estados Unidos assumiram seus atuais contornos territoriais e desenvolveram suas estruturas de governo dentro das condições de desenvolvimento oferecidas pelos seus primeiros cem anos de existência como uma nação independente. Quando possível, serão analisadas as conexões atlânticas e a relação entre as políticas interna e externa daquela república.

O pesquisador que se aventure pela história dos Estados Unidos enfrenta, desde cedo, problemas de orientação. Existe grande dificuldade para a detecção de pontos de referência comuns a outras trajetórias históricas: Onde está o Estado nacional? Qual o peso dos conflitos sociais na determinação das alianças políticas? Como pensar o problema da construção do Estado numa sociedade cuja base de cálculo é o federalismo exacerbado?

Grande parte da dificuldade encontra-se na repetição da própria visão norte-americana sobre os Estados Unidos, da ideia de que o papel relevante exercido pela conjugação de liberalismo, individualismo, igualitarismo e democracia teria tornado a história norte-americana excepcional quando comparada à trajetória europeia, dotando os Estados Unidos de profunda orientação individualista e antiestatista. Então, de certa forma, ainda estamos presos a alguns dos dilemas enfrentados por Tocqueville, ao pensar a questão da liberdade na França a partir da experiência dos EUA.

A manutenção dessa crença na especificidade norte-americana muitas vezes mascarou a natureza daquela sociedade e suas similaridades e interconexões com outras nações. Assim, não seria o caso propriamente de identificar ausências, tal como pretendido pelos defensores da tese excepcionalista, mas de procurar a forma específica como o processo de construção do Estado nacional é apresentado aos interessados de outros países. Nesse sentido, é preciso destacar que a história dos Estados Unidos oferece pontos de comparação bastante úteis em relação ao Brasil: a grande extensão territorial, o caráter multiétnico da população, a existência de um passado escravista que insiste em reaparecer através de eventos como o racismo e a violência policial. Espero que este livro seja um ponto de partida para quem pretende se aventurar pelo tema ou pelo menos entender um pouco mais a trajetória complexa daquela sociedade e que a leitura desta obra ajude a situar o leitor, instigando-o a ter novas dúvidas e questionamentos.

Independência, guerra e ratificação da Constituição

Em meados do século XVIII, as colônias inglesas na América do Norte estendiam-se por uma faixa costeira estreita, cobrindo a distância compreendida entre os atuais estados da Geórgia e do Maine. Limitados pelos montes Apalaches a Oeste, pelas províncias francesas ao Norte e pelas possessões espanholas ao Sul, suas terras possuíam não mais que 4 milhões de habitantes, parte substantiva dos quais morava perto da costa. A ocupação dessas colônias começara no início do século anterior, mas foi a partir da década de 1620 que o ritmo da ocupação se acelerou em função das lutas religiosas na Europa e a consequente grande imigração puritana às colônias precedida por iniciativas na Virgínia e nas Carolinas. Nas décadas seguintes, o impulso migratório apoiou-se em levas originárias das ilhas inglesas, dos reinos alemães, dos Países Baixos e por protestantes franceses conhecidos como huguenotes.

16 ESTADOS UNIDOS

Durante os séculos XVII e XVIII, correntes de indivíduos e famílias cruzaram o Atlântico em busca de um grau mais elevado de autonomia e pela perspectiva de uma vida melhor. Alguns eram atraídos pela possibilidade de fazer fortuna. Outros enfatizavam a pureza da sua fé, em contraste com a corrupção da Igreja oficial do rei da Inglaterra, a Igreja Anglicana. Outros grupos de dissidentes buscavam o direto à liberdade religiosa numa sociedade livre da corrupção e do autoritarismo. Os puritanos, quakers, luteranos, menonitas, presbiterianos e outros grupos religiosos pretendiam escapar ao que percebiam ser a degradação do Velho Mundo, caracterizada pela intolerância política, pelo absolutismo e pela corrupção. Tendo experimentado o poder centralizado da Igreja e do Estado, esses colonos enfatizaram o exercício do poder local como um antídoto contra a opressão da qual fugiam. A intenção explícita da seita religiosa mais ambiciosa, os puritanos, era de estabelecer "uma cidade sobre a colina", isso é, uma Nova Inglaterra, mais perfeita que a original. Esse ideal inatingível de perfeição social e religiosa sobreviveu à época puritana e continuou influenciando a visão dos norte-americanos sobre si mesmos durante os séculos seguintes.

A diversidade religiosa ajudou os colonos a desenvolver suas próprias ideias a respeito do exercício da atividade política e da legitimidade das autoridades estabelecidas. A prática desses ideais teve impacto direto nos níveis de alfabetização e discussão de assuntos públicos, impulsionando a formação de uma cultura cívica baseada nas liberdades políticas e individuais. Essas experiências cristalizaram as percepções coloniais sobre a importância da autonomia e do não conformismo. Assim, a formação de comunidades naquelas colônias precedeu a formação de um Estado numa escala bastante vasta, delineando um forte entusiasmo pelo exercício do governo local. Conselhos municipais, panfletos, jornais e sermões publicados localmente e representantes de distritos imprimiram força a uma cultura caracterizada por uma ativa vida pública.

A despeito da atitude ortodoxa inicialmente demonstrada pelos grupos religiosos dominantes em cada colônia, é possível dizer que por volta de 1760 a liberdade religiosa prevalecia. As colônias eram habitadas por dissidentes religiosos de vários matizes, mas também por um número crescente de africanos, imigrantes forçados que vinham como escravos para trabalhar nas culturas de cânhamo, anil, arroz e, principalmente, tabaco, que floresciam nas colônias do Sul. Esses indivíduos não se beneficiaram do desenvolvimento democrático, permanecendo numa condição subalterna em relação aos homens livres e aos servos brancos.

FISSURAS

No início da década de 1760, a relação entre a Coroa britânica e suas colônias da América do Norte parecia profundamente enraizada. A vitória na Guerra dos Sete Anos (1756-1763) levara à expulsão dos franceses das fronteiras, eliminando o principal competidor na luta pela expansão territorial na região a oeste dos montes Apalaches. A luta pela supremacia na América do Norte começou no final do século XVII, mas foi ao longo da Guerra dos Sete Anos que os colonos se envolveram mais fortemente nos combates. Durante a campanha, milícias coloniais cooperaram intensivamente com as tropas profissionais britânicas na luta contra os franceses e seus aliados indígenas, criando uma atmosfera de confiança que parecia reforçar a posição e os privilégios daqueles súditos na estrutura imperial. O esforço de guerra beneficiou tanto os comerciantes como os agricultores que abasteciam os exércitos. A presença das tropas e as demandas militares movimentaram a economia. A marinha britânica, a mais poderosa do mundo na época, protegia os navios dos colonos, barateando os custos da expansão comercial. Para um observador situado em qualquer cidade costeira da América britânica, a possibilidade de uma ruptura pareceria absurda em face dos sucessos militares, econômicos e políticos que asseguravam a cooperação entre os braços europeu e americano do Império. Muitos americanos consideravam-se membros de uma comunidade transatlântica na qual a pátria-mãe desempenhava um papel de liderança.

Os habitantes da América britânica sentiam-se parte de uma estrutura tão avançada como progressista. Em meados do século XVIII o Império Britânico possuía liberdades que eram desconhecidas em outras partes da Europa. As chamadas "liberdades inglesas" incluíam o direito de *habeas corpus*, ou seja, de não ser preso sem um julgamento e sem encarar o acusador, o respeito pelo direito individual de ir e vir, uma adoração quase mítica pelo direito de propriedade e a prática do julgamento por júri popular. O Império era comandado por um Parlamento eleito, a Câmara dos Comuns, cuja autoridade derivava da longa tradição liberal dos britânicos. Ainda que não votassem diretamente nos representantes do Parlamento, os colonos americanos tinham poucos motivos para reclamar da Inglaterra. Cada uma das 13 colônias gozava de um grau considerável de autogoverno, com os assuntos locais decididos pelas cidades no sistema conhecido como *Township Council* (conselhos municipais) (ver quadro) e a disseminação de assembleias coloniais. Evidentemente, esses direitos não se aplicavam aos escravos, aos servos e às mulheres, que permaneceram alheios à revolução democrática em curso.

> *Township Councils*: Conselhos Municipais, normalmente comandados por notáveis. Essas instituições foram inicialmente criadas em cidades costeiras, para cujas economias a pesca desempenhava um papel central. Eram responsáveis pela discussão e encaminhamento dos principais assuntos relacionados à administração de cidades e vilas. Os Conselhos também discutiam o orçamento municipal e o lançamento de taxas para a cobertura de obras públicas, cuidados médicos, auxílios a idosos e o armamento da milícia. Eles formaram o embrião da cultura democrática que floresceria naquelas colônias nas décadas seguintes. O filme *A vila*, dirigido por M. Night Shyamalan em 2004, representa de forma ficcional uma dessas experiências, apenas ignorando intencionalmente o fato de que mulheres normalmente não participavam de forma direta desses Conselhos.

Ao lado das liberdades políticas existia uma tolerância religiosa pouco comum em outras regiões. Os colonos americanos cultivavam uma variedade de crenças, a maior parte delas derivada da Reforma Protestante, mas minorias de católicos e judeus também residiam ao longo da costa leste da América do Norte. As colônias, principalmente aquelas situadas ao norte, recebiam dissidentes religiosos de várias partes da Europa, conformando a visão de um "asilo da humanidade" que ficaria vinculada ao processo imigratório nos Estados Unidos. Era natural, portanto, que as expectativas para o futuro fossem positivas, uma vez que a parcela adulta e livre da população considerava sua situação excepcional quando comparada a de outras sociedades. Daí a ideia de um "excepcionalismo americano" tão forte na mitologia daquela república. Situação comprovada através do exame dos sermões, discursos e estatutos coloniais que apelavam para analogias com o Velho Testamento, como pode ser observada no famoso sermão de John Winthrop, "A cidade sobre a colina", proferido antes do desembarque puritano em Plymouth, Massachusetts (ver quadro).

A CIDADE SOBRE A COLINA

Sermão de John Winthrop antes do desembarque puritano na América, Massachusetts, a bordo do Arabela – 1630

Agora o único meio de evitar este naufrágio e prover para nossa posteridade será seguir o Conselho de Miqueias: agir com justiça, amar a misericórdia, andar humildemente com nosso Deus. Para esse fim, devemos nos devemos ajoelhar nesse trabalho [como se fôssemos] um só homem; devemos manter afeto fraternal uns pelos outros; devemos estar dispostos a abrir mão de nossas superfluidades para atender às necessidades dos outros; devemos cultivar um comércio familiar juntos com toda a brandura, gentileza, paciência e generosidade; devemos alegrarmo-nos uns com os outros, fazer nossa a condição do próximo; regozijar juntos, lamentar e trabalhar juntos, sofrer juntos, sempre tendo ante nossos olhos nossa missão e nossa comunidade no trabalho, nossa comunidade como membros do mesmo corpo. Dessa forma, manteremos a unidade do espírito no laço da paz. O Senhor será nosso Deus e terá prazer em habitar entre nós, como seu próprio povo. Ele nos abençoará em todos os nossos caminhos, de modo que veremos muito mais de sua sabedoria, poder, bondade e verdade do que estávamos antes acostumados. Nós descobriremos que o Deus de Israel está entre nós quando dez de nós forem capazes de resistir a um milhar de nossos inimigos. Quando ele nos fizer aclamação e glória, de forma que os homens possam dizer de futuras plantações: Deus a fez como a da Nova Inglaterra, pois é preciso considerar que devemos ser como uma Cidade sobre a Colina, em que os olhos de todos os povos estão sobre nós. De modo que, se tratarmos com falsidade com nosso Deus neste esforço que empreendemos, e assim fizermos com que ele retire sua ajuda presente de nosso meio, será feito de nós um relato e um provérbio perante o mundo; abriremos as bocas dos inimigos para falarem mal dos caminhos de Deus e de todos os que professam a causa de Deus, causaremos vergonha a muitos dos dignos servos de Deus e transformaremos suas orações em maldições sobre nós até sermos consumidos da boa terra para onde vamos. E para encerrarmos este discurso com a exortação de Moisés, aquele fiel servo do Senhor em sua derradeira despedida de Israel (Dt. 30): Amados, diante de nós agora estão a vida e o bem, a morte e o mal; somos ordenados neste dia a amar o Senhor nosso Deus e a amarmo-nos uns aos outros, a andar por Seus caminhos e seguir Seus Mandamentos e Seu Decreto, cumprir Suas leis e os artigos de nossa Aliança com ele, para que possamos viver e multiplicar-nos e para que o Senhor nosso Deus possa abençoar-nos na terra que vamos possuir. Contudo, se nossos corações se desviarem, de modo que não o obedeçamos, mas sejamos seduzidos e venhamos a adorar outros deuses como nosso deleite ou benefício, e os servirmos, é proposto a nós nesse dia, seguramente, que pereçamos para fora da boa terra, que atravessamos o oceano para habitar.

Escolhamos, portanto, a vida para que nós e nossos descendentes possamos viver; obedecendo a Sua voz e unindo-nos a Ele, pois é nossa vida e nossa prosperidade.

Fonte: WINTHROP, John. *The Journal of John Winthrop, 1630-1649*. Cambridge: Harvard University Press, 1996, p. 1. Tradução nossa.

Mapa 1 – América Britânica em 1765

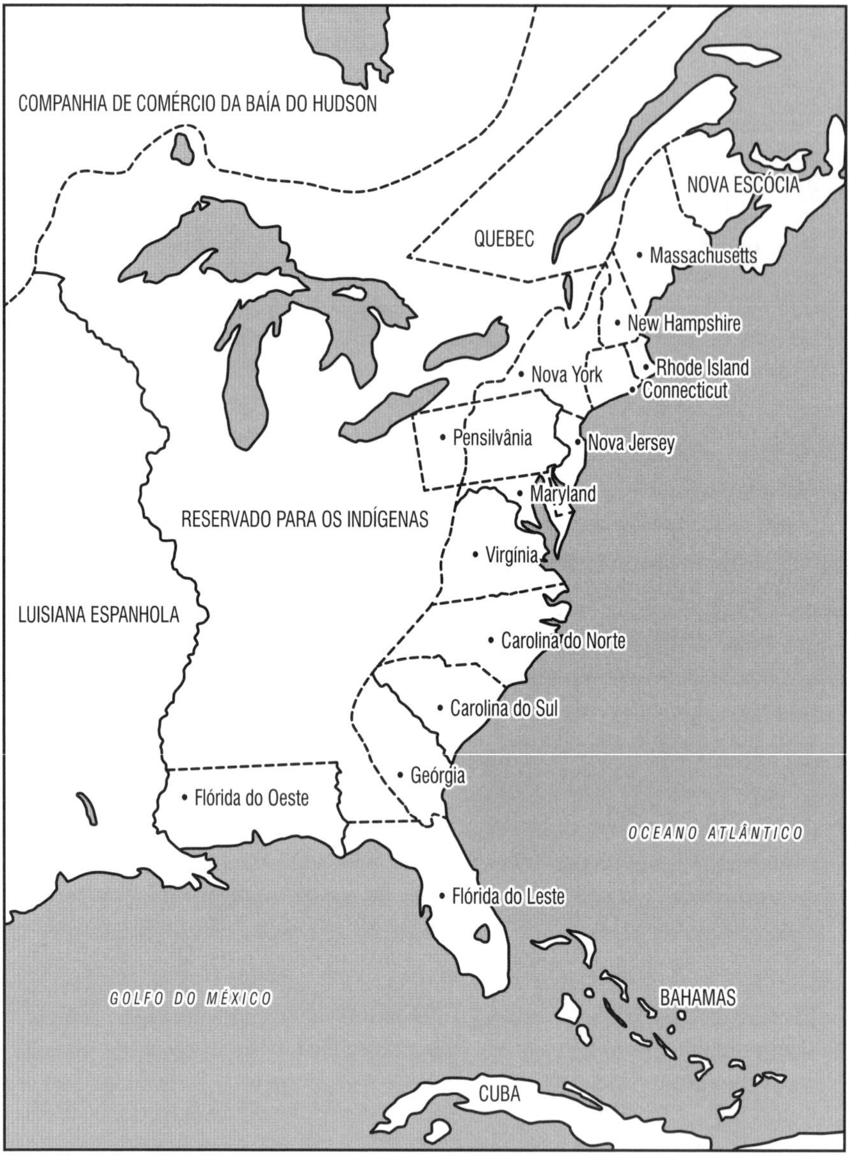

As 13 colônias britânicas na América do Norte e as colônias de Quebec e Nova Escócia, no atual território do Canadá, logo após o final da Guerra dos Sete anos.

INDEPENDÊNCIA, GUERRA E RATIFICAÇÃO DA CONSTITUIÇÃO

De fato, os colonos americanos tinham poucos motivos para reclamar da Inglaterra. Porém, em meados da década de 1760 esse arranjo estável começou a ruir, vitimado pelas consequências da vitória das forças britânicas. Após o final da guerra, questões relacionadas à cobrança de impostos, à continuidade do autogoverno nas colônias e a restrições comerciais impeliram a crise da autoridade imperial. Ainda que tentativas de acomodação ocorressem até 1775, a tensão entre as partes acabou levando a uma guerra de independência que poucos teriam previsto alguns anos antes.

A vitória contra os franceses trouxe vários benefícios, mas também endividou o Império. Para tentar compelir os colonos a arcar com parte das despesas, que incluíam a manutenção de tropas nas fronteiras, as autoridades britânicas recorreram a vários expedientes. O mais famoso deles foi a Lei do Selo. Através dessa medida, a Coroa britânica tentava forçar os colonos a pagarem impostos sobre transações comerciais e documentos legais, tais como diplomas, registros de terras e certidões de casamento. Os colonos não reconheciam a autoridade do Parlamento para cobrar impostos, tendo em vista que entendiam que apenas as autoridades por eles eleitas, ou seja, as legislaturas coloniais, deveriam possuir essa capacidade. Já os ingleses elaboraram a teoria da "representação virtual" dos colonos americanos no Parlamento. Segundo essa visão, o Parlamento, eleito apenas por habitantes qualificados das ilhas britânicas, representava de forma virtual todos os súditos do Império. Seguiu-se um debate durante o qual o princípio "nenhum imposto sem representação" ("*no taxation without representation*") foi emulado como um emblema da resistência a qualquer forma de taxação sem a sanção local. A execução da lei foi contestada em cidades e vilas, enquanto muitos agentes coletores tiveram que renunciar às suas funções por medo de represálias, levando na prática à anulação da medida.

Durante os dez anos seguintes, as relações entre as duas partes se deterioraram com os ingleses tentando impor o monopólio da venda de chá e os colonos despejando o primeiro carregamento de chá nas águas do porto de Boston durante o episódio conhecido como "Boston Tea Party". Os ingleses reagiram indignados ao que consideraram insubordinação dos súditos. Os conselheiros do rei demandavam punição à rebeldia dos colonos, mas essa posição não era consensual. Alguns membros do Parlamento, como o filósofo Edmund Burke, alegavam existir uma saudável negligência na relação entre as partes, justificando alguma forma de negociação que levasse em conta as demandas dos colonos. Mas a maioria dos membros do Parlamento era favorável a uma reação mais dura contra os americanos. Seguiram-se as chamadas Leis Intoleráveis, que incluíam a ocupação da cidade de Boston por forças militares profissionais. A Guerra de Independência começava informalmente em 1775, durante a famosa Batalha de Lexington, quando forças inglesas foram emboscadas por milícias de colonos no interior de Massachusetts.

A despeito da tensão crescente, a maior parte das energias dos colonos era despendida na tentativa de chegar a um acordo. Para discutir a crise eles formaram uma assembleia de representantes que ficou conhecida como o Congresso Continental. Foi provavelmente a primeira vez que membros das elites das várias colônias, como Benjamin Franklin (Pensilvânia), Thomas Jefferson (Virgínia) e John Adams (Massachusetts), tiveram a oportunidade de se conhecer. O Congresso reuniu-se na cidade de Filadélfia para discutir as queixas dos colonos e as propostas de acordo com a Inglaterra. Nesse momento, a principal direção era a conciliação com os representantes do rei George III, não a independência. Mas com o agravamento da crise através da presença militar britânica, dos bloqueios comerciais cada vez mais frequentes, dos ataques aos portos de Falmount e Norfolk e do recrutamento de mercenários nos reinos alemães conhecidos com hesseanos, a posição favorável à independência tornou-se majoritária naquela assembleia. Contribuiu também a publicação do panfleto de Thomas Paine, *O senso comum*, que sintetizou os argumentos favoráveis à separação de forma clara e concisa. Paine, um radical inglês que havia imigrado um ano antes, pregava em palavras simples o direito dos colonos à independência mesclando ideias do iluminismo com concepções religiosas caras aos colonos. O panfleto atingiu a cifra de 120 mil cópias, um verdadeiro *best-seller*. Mas nem todos os favoráveis à independência (agora conhecidos como "patriotas") concordavam com os argumentos ultrademocráticos de Paine. Alguns apoiavam uma república governada por "uma aristocracia natural" ou de talento. Para esses indivíduos, o republicanismo significava o fim da aristocracia hereditária, mas não o fim da aristocracia social.

A opção pela separação colocava vários desafios: Conseguiriam as colônias se manter unidas na luta? Seria possível enfrentar com sucesso a principal potência econômica e militar do planeta? Como obter ajuda dos rivais europeus da Inglaterra para uma campanha longa e desgastante?

INDEPENDÊNCIA E GUERRA

Uma Declaração de Independência, escrita por Thomas Jefferson, foi formalmente aprovada pelo Congresso em 4 de julho de 1776. O documento apelava para os "direitos naturais da humanidade" em vez das "liberdades britânicas". Ele argumentava que os colonos rompiam os laços devido ao desrespeito do rei pelos direitos de que desfrutavam até então. Seguia-se uma lista das supostas medidas tirânicas tomadas por George III que agravaram as relações com os colonos. A Declaração marcou o surgimento de uma tradição. Foi a primeira vez que uma secessão entre Estados gerou uma declaração de independência, formato que marcaria a partir de então o surgimento das futuras repúblicas em todos os continentes, incluindo o Vietnã em meados do século XX.

PREÂMBULO DA DECLARAÇÃO DE INDEPENDÊNCIA DOS EUA

Quando, no curso dos acontecimentos humanos, se torna necessário a um povo dissolver os laços políticos que o ligavam a outro e assumir, entre os poderes da Terra, posição igual e separada, a que lhe dão direito as leis da natureza e as do Deus da natureza, o respeito digno para com as opiniões dos homens exige que se declarem as causas que os levam a essa separação. Consideramos estas verdades autoevidentes, que todos os homens são criados iguais, dotados pelo Criador de certos direitos inalienáveis, que entre estes estão a vida, a liberdade e a procura da felicidade. Que a fim de assegurar esses direitos, governos são instituídos entre os homens, derivando seus justos poderes do consentimento dos governados; que, sempre que qualquer forma de governo se torne destrutiva de tais fins, cabe ao povo o direito de alterá-la ou aboli-la e instituir novo governo, baseando-o em tais princípios e organizando-lhe os poderes pela forma que lhe pareça mais conveniente para realizar-lhe a segurança e a felicidade. Na realidade, a prudência recomenda que não se mudem os governos instituídos há muito tempo por motivos leves e passageiros; e, assim sendo, toda experiência tem mostrado que os homens estão mais dispostos a sofrer, enquanto os males são suportáveis, do que a se desagravar, abolindo as formas a que se acostumaram. Mas quando uma longa série de abusos e usurpações, perseguindo invariavelmente o mesmo objeto, indica o desígnio de reduzi-los ao despotismo absoluto, assistem-lhes o direito, bem como o dever, de abolir tais governos e instituir novos Guardiães para sua futura segurança. Tal tem sido o sofrimento paciente destas colônias e tal agora a necessidade que as força a alterar os sistemas anteriores de governo. A história do atual Rei da Grã-Bretanha compõe-se de repetidas injúrias e usurpações, tendo todos por objetivo direto o estabelecimento da tirania absoluta sobre estes Estados. Para prová-lo, permitam-nos submeter os fatos a um mundo cândido.

Fonte: ARMITAGE, David. *The Declaration of Independence*: A Global History. Cambridge: Harvard University Press, 2007, pp. 165-6. Tradução nossa.

24 ESTADOS UNIDOS

Algumas das passagens da Declaração soavam inconsistentes: a despeito do apelo às liberdades e aos direitos naturais, o próprio Jefferson era proprietário de escravos e sua declaração inicial de que "Todos os homens foram criados iguais" o assombraria e aos seus colegas escravocratas por muitas décadas. A retórica iluminista contrastava com o fato de que um quinto dos habitantes das colônias eram escravos, cuja condição não seria afetada pela Independência. Mas a Declaração consistia, principalmente, num apelo ao apoio internacional para a decisão que havia sido tomada em territórios americanos. Ela buscava uma aliança com monarquias que poderiam ajudar militarmente na luta contra a coroa de George III, sobretudo a França, governada à época por Luís XVI, que ainda se recuperava da derrota na Guerra dos Sete Anos. Mas esse apoio não se realizou imediatamente e os colonos iniciaram sua luta pela independência em isolamento.

A Guerra de Independência foi um conflito entre patriotas e as tropas profissionais britânicas, mas também foi uma guerra entre colonos patriotas e colonos leais aos ingleses. Os primeiros eram conhecidos como whigs, os últimos como tories. Aproximadamente um quinto da população permaneceu fiel à Coroa. Entre aqueles que permaneceram leais estavam não apenas indivíduos com educação e riqueza, mas também o clero da Igreja Anglicana, seguido por uma parcela significativa dos seus congregados, administradores e burocratas, alguns veteranos da Guerra dos Sete anos e muitos afro-americanos que procuraram o abrigo das forças inglesas para obter sua liberdade, eventualmente servindo contra seus antigos senhores.

Ironicamente, a reação contra a ocupação militar britânica requereu a organização de um exército profissional no evento de uma guerra prolongada; uma força capaz de ser utilizada em oposição a uma superpotência apoiada por setores locais. Essa estrutura era vista com desconfiança pelos colonos devido aos riscos que representava para a liberdade, uma vez que a constituição de exércitos era temida como um caminho para a tirania. O Congresso Continental designou George Washington, um dos seus membros e fazendeiro da Virgínia, para comandar o exército profissional, ou Exército Continental, formado para enfrentar as tropas inglesas. Washington servira como coronel na milícia e nunca comandara mais de 1.200 homens em campo. Sua designação foi mais política do que militar: A despeito das dúvidas iniciais sobre a capacidade de liderança de Washington, ele vinha de uma das maiores e mais populosas colônias. Além disso, tratava-se de um homem de posses, tanto por herança como pelo casamento, condição que seus apoiadores acreditavam necessária para evitar a constituição de um poder militar. Além disso, o comando de Washington era visto como uma forma de conter os "excessos revolucionários", para que a guerra não evoluísse para uma revolução social, ou seja, um acerto de contas entre ricos e pobres.

IMPASSES

Durante a Guerra de Independência, a mobilização do Exército Continental dependeu de um misto de esforços nacionais e iniciativas locais e estaduais. Houve a mobilização de um contingente permanente, pago, arregimentado através de um alistamento de longo prazo. O Exército Continental era composto de cidadãos soldados, motivados pela causa, mas também por imigrantes irlandeses e alemães, além de índios, servos e pessoas sem endereço ou ocupação fixa, que pouco se importavam com os altos ideais discutidos nos salões, nas tavernas e nas conferências. Esses soldados profissionais lutaram lado a lado com milícias locais e provinciais, cada uma das quais seguindo uma agenda específica.

Da mesma forma como a experiência colonial havia variado de lugar a lugar e de pessoa para pessoa, assim foi com a racionalidade por trás da rebelião contra a Inglaterra. A intensidade da guerra e a disposição de cada colônia para suportar seus efeitos diferiram durante aqueles anos cruciais. O movimento revolucionário nunca constituiu uma frente única contra um inimigo. Ele foi uma série de coalizões que se formaram, dissolveram e reagruparam, à medida que a população considerava suas necessidades, suas crenças e a situação em que se encontravam.

O exército regular sofreu permanentemente com a falta de pessoal, de provisões e de recursos. As contribuições de cada uma das colônias eram irregulares e assimétricas; elas variavam de acordo com a movimentação do *front*, com tensões internas entre as classes e com o grau de coesão local sobre a independência. As deserções e constantes baixas do serviço permanentemente esvaziavam as fileiras. Conflitos de responsabilidade envolvendo o exército, o Congresso Continental na Filadélfia e as assembleias coloniais permaneciam sem solução, obstruindo a capacidade do exército para se preparar para longas campanhas. Como a lealdade primária das milícias era para com seus estados de origem, a autoridade do exército era constantemente solapada pelas necessidades locais. O recrutamento de afro-americanos, livres ou escravos, constituía uma das questões subordinadas à política local. Os

26 ESTADOS UNIDOS

negros compunham uma fonte potencial de novos recrutas para um exército, que sofria com a grande escassez de soldados. Mas seu recrutamento era limitado devido aos temores que a presença de escravos armados causava entre a maioria branca. Nesse período, havia escravos no Norte e no Sul, além de uma população de negros livres que poderia ser mobilizada.

Em novembro de 1775, o governador britânico da Virgínia, lorde Dunmore, prometeu a liberdade aos escravos que deixassem seus senhores, se alistando nas forças reais. Muitos escravos do Sul (ainda havia um contingente significativo de escravos nas cidades do Norte) aproveitaram-se das oportunidades abertas pela crise da sociedade colonial para perseguir sua liberdade, inaugurando um padrão que se repetiria por todo o continente americano nas guerras de independência posteriores. Certamente, a escravidão no Sul foi afetada pelo deslocamento de escravos e pelo caráter particularmente violento de uma guerra civil fratricida, mas não ao ponto de levar a instituição à extinção, como talvez fosse desejado por muitas lideranças dos estados do Norte, entre as quais se incluíam Benjamin Franklin e Alexander Hamilton. A luta pela independência dos Estados Unidos não instilou ideais de igualdade racial ou assimilação entre os cidadãos da nação emergente. Ao final da guerra, os afro-americanos, mesmo quando livres, permaneceram cidadãos subordinados numa ordem social que resguardava uma suposta homogeneidade racial, mas que garantiam demandas igualitárias somente aos cidadãos brancos. Alguns dos veteranos negros ainda conseguiriam receber pensões, mas o caminho para um padrão mais inclusivo de cidadania permaneceu fechado para os negros que apostaram no lado patriota.

Durante a Guerra de Independência, os colonos se revoltaram contra a imposição de padrões europeus de ordenamento político. Eles também se insurgiram contra o que percebiam como sendo o risco de um poder absoluto, que acreditavam prevalecer na maioria das monarquias europeias. Finalmente, os americanos se revoltaram contra a ameaça de uma mudança no comportamento do poder político, preferindo o consenso local à autoridade imperial, que acreditavam ameaçar a liberdade que seus ancestrais vinham construindo desde o século XVII.

A Guerra de Independência durou seis anos. O exército comandado por Washington passou boa parte do período evitando um combate aberto com as forças britânicas. Os exércitos do rei eram muito mais poderosos e bem armados. Nessas circunstâncias, foi crucial insistir nas alianças internacionais, no sentido de atrair a França para a guerra, que era o principal desafeto da

INDEPENDÊNCIA, GUERRA E RATIFICAÇÃO DA CONSTITUIÇÃO

Inglaterra. A aliança com os franceses foi costurada por Benjamin Franklin, que servia como embaixador em Paris. A partir de 1778, com a declaração formal de guerra, a França passou a movimentar navios e tropas para a América. Em contraste com o fortalecimento da posição americana, a monarquia inglesa enfrentava um crescente desgaste. A longa campanha de atrito corroeu o apoio da opinião pública britânica. Os combates foram paralisados após a derrota das forças inglesas para uma aliança de tropas franco-americanas na Batalha de Yorktown. A partir daquele momento, os ingleses perderam a iniciativa à medida que o apoio à paz prevalecia entre os súditos. Os americanos negociaram a paz com os britânicos, que acabaria sendo firmada no Tratado de Paris em 1783. Os termos do Tratado foram muito favoráveis aos americanos. Isso aconteceu porque a liderança inglesa temia a influência crescente dos franceses nas Américas. Nesse contexto, os antigos colonos mantiveram o controle territorial anterior à guerra, incluindo o controle da cidade de Nova York, que havia se aliado aos ingleses. Os americanos também obtiveram o controle das terras transapalachianas, que haviam sido tomadas aos franceses em 1763.

A CONFEDERAÇÃO

Se existiu algum consenso entre os patriotas a respeito daquilo que eles rejeitavam foi mais difícil concordar sobre que tipo de país os Estados Unidos seriam após a independência. A libertação das ex-colônias inglesas afetou as vidas de quase todos os grupos sociais. Ela rompeu as frágeis conexões entre a Igreja Anglicana e o Estado, aumentou a participação popular em aspectos cruciais da vida e levou ao declínio da servidão e da escravidão, especialmente nos estados do Norte. A despeito desses avanços, as lideranças revolucionárias enfrentaram vários dilemas: como seriam reguladas as relações entre os estados? Quais funções o governo central poderia exercer? Quais limites deveriam ser colocados à participação popular?

Os Estados Unidos venceram a Guerra de Independência e ingressaram no contexto internacional como uma confederação. Foram abolidos os títulos dinásticos, algumas propriedades dos tories foram expropriadas e proibiram-se os monopólios comerciais. Mas a jovem nação tinha ainda uma série de desafios a enfrentar para consolidar sua soberania. A República americana constituía um experimento frágil num mundo governado por reis, imperadores, tiranos e aristocratas. A despeito das diferenças entre as lideranças estaduais, a maior parte delas concordava que a base filosófica do pacto político seria

28 ESTADOS UNIDOS

o interesse individual e a busca pela felicidade pessoal. Mas os homens que lideraram a luta não possuíam um modelo republicano que fosse facilmente adaptável às condições americanas. As experiências republicanas anteriores, particularmente a herança histórica das cidades-Estados gregas, de Roma e da República florentina mostraram a vulnerabilidade da democracia em contextos de expansão territorial. A intensificação da luta política parecia favorecer a ação de demagogos que insuflariam o povo e tomariam o poder para si. A ideia dominante era de que repúblicas seriam viáveis apenas em territórios pequenos. A aposição de uma experiência democrática com a expansão territorial era considerada inviável do ponto de vista institucional porque o desenvolvimento econômico normalmente ocasionava a desigualdade que destruía a base da organização republicana através da corrupção da virtude. As lideranças contavam com poucos instrumentos para aperfeiçoar a liberdade desenvolvida durante o período colonial para além do plano puramente local no qual ela vicejara.

Inicialmente, as ex-colônias (agora estados) eram o centro de toda a atividade política. Elas funcionavam como entidades semi-independentes, coordenadas por um Congresso Continental. Durante os primeiros anos pós-independência o país adotou a forma republicana de governo e foi regido pelos Artigos da Confederação, ratificados em 1781. Na prática, o governo central possuía poderes limitados, atuando quase que apenas na articulação da política exterior, especialmente na assinatura de tratados de comércio ou de delimitação de fronteiras com nações indígenas. O débil governo central na Filadélfia podia aconselhar e advogar em certas causas, mas quando interagia com os estados, ele não podia comandar, coagir ou controlar. Também não podia agir diretamente sobre os cidadãos de um estado soberano. A Confederação proporcionava uma articulação frouxa entre as colônias. Essa postura derivava da desconfiança contra a centralização, atitude que contribuíra para levar o país à Independência. Nos primeiros anos, os habitantes tentaram viver de acordo com uma descentralização radical. Os novos estados adotaram constituições e afirmaram sua autonomia. Eles eram governados por assembleias populares unicamerais que normalmente concentravam os três poderes no mesmo corpo. O localismo, isto é, a noção de uma soberania baseada em poderes regionais, estava no auge. O Congresso não tinha autoridade para lançar impostos sobre os estados, nem para executar as dívidas contraídas durante a guerra. Essas dívidas também limitavam os investimentos em infraestrutura e a formação de forças militares de exército e marinha que possuíssem um caráter mais profissional e hierárquico.

INDEPENDÊNCIA, GUERRA E RATIFICAÇÃO DA CONSTITUIÇÃO

Em termos sociais, a Independência trouxe o crescimento de lideranças políticas provenientes dos grupos plebeus. Durante a guerra, artesãos, soldados, marinheiros, servos e outros indivíduos pertencentes aos setores livres subalternos perceberam a importância da participação política evoluindo de ações espontâneas da multidão para formas mais organizadas de protesto. Esse exército de "homens humildes" assumiu o controle, ainda que por curto período, de três legislaturas estaduais criadas durante o período da Confederação. Mesmo que constituíssem uma força respeitável nas assembleias, eles eram temidos por não pertencer à elite nacional que liderara o processo de separação. Os líderes conservadores e os moderados, provenientes de grupos privilegiados, temiam o sentimento radical democrático, preferindo estabelecer um curso mais moderado para o movimento. Em contraste, os grupos mais radicais apoiavam formas diretas de exercício da democracia e um maior grau de autonomia para os estados. Durante a década de 1780, enquanto a situação econômica decaía, a agenda política radical alarmava a elite, na medida em que uma crescente rivalidade social parecia ameaçar as bases da nova nação.

Logo a costura institucional da Confederação revelou suas falhas. A experiência das assembleias populares prontamente se mostrou problemática, com o surgimento de conflitos internos ocasionados pela formação de facções nas quais maiorias de ocasião oprimiam os grupos minoritários. O faccionismo foi o maior problema desses primeiros anos, já que a organização política carecia de ferramentas para controlar as cada vez mais intensas disputas entre grupos. Além disso, boa parte dos membros dessas assembleias tinham seus mandatos renovados anualmente, situação que marcava uma rotatividade muito grande das posições, dificultando a formação de quadros mais capacitados entre os representantes do povo. Por outro lado, os estados frequentemente entravam em conflito sobre a forma de expansão para o Oeste. Atuando sobre fronteiras precariamente delimitadas, era difícil definir limites geográficos a partir de bons mapas. Os estados menores reclamavam das prerrogativas dos maiores no que se refere à utilização dos portos, a medidas protecionistas e à expansão para o Oeste. Por outro lado, não havia consenso sobre a formulação de uma política externa consistente, uma vez que os interesses das áreas de fronteira frequentemente chocava-se com as demandas das grandes cidades litorâneas. Os melhoramentos internos, já bastante prejudicados pela guerra, viram-se completamente paralisados pela falta de recursos. O comércio internacional, sem a proteção da marinha inglesa, tornou-se presa fácil de corsários. A situação internacional também

30 ESTADOS UNIDOS

não ajudava, uma vez que a paz europeia não parecia sólida o suficiente para assegurar um fluxo seguro de mercadorias. As dívidas da guerra, em especial os atrasados devidos aos soldados, não eram pagas. Esses atrasos frequentemente endividaram os veteranos, ameaçando-lhes com a perda de suas terras para especuladores. O clima de insegurança financeira levou a algumas revoltas de veteranos, a mais famosa das quais foi a Revolta de Shays (ver quadro). As perspectivas de sobrevivência da nova nação eram incertas, levando alguns setores da política inglesa a esperar para breve a falência daquela república e sua possível reincorporação à esfera imperial.

A REVOLTA DE SHAYS

Em 1786, houve uma insurreição a oeste do estado de Massachusetts. Muitos fazendeiros empobrecidos, vários deles veteranos da Guerra de Independência, estavam perdendo suas propriedades para especuladores e investidores. Sob a liderança do capitão Daniel Shays, um veterano da Revolução, esses devedores desesperados exigiram que o estado imprimisse papel-moeda, diminuísse os impostos e suspendesse os arrestos das propriedades. Centenas de agitadores famintos pegaram em armas numa tentativa de reforçar suas demandas. As autoridades de Massachusetts responderam de forma drástica. Financiados por contribuições de cidadãos de posses, eles levantaram um pequeno exército. Ato contínuo, vários enfrentamentos ocorreram, três rebeldes foram mortos e um ferido antes que a rebelião entrasse em colapso. Daniel Shays, que acreditava estar lutando contra a tirania novamente, foi condenado à morte, sentença mais tarde perdoada.

Os seguidores de Shays foram derrotados, mas a lembrança da sua rebelião impactou profundamente as autoridades. A legislatura de Massachusetts passou leis que abrandavam a execução de dívidas. A Revolta de Shays também cristalizou, entre as elites, a impressão de que a Independência havia criado um "despotismo democrático", no qual a multidão poderia legislar livremente. Ela ajudou a pavimentar o caminho da Constituição Federal, ratificada em 1788.

Fonte: RICHARDS, Leonard L. *Shays's Rebellion*: The American Revolution's Final Battle. Philadelphia: University of Pennsylvania Press, 2002. Tradução nossa.

UMA UNIÃO MAIS PERFEITA

Em maio de 1787, o Congresso decidiu convocar uma assembleia para rever os artigos da Confederação. Inicialmente, os legisladores não pretendiam criar uma nova Constituição, apenas reformar os artigos. Mas havia demandas claras sobre a necessidade de fortalecer o poder do governo central para harmonizar as relações entre os estados, proteger o comércio e limitar as ameaças

INDEPENDÊNCIA, GUERRA E RATIFICAÇÃO DA CONSTITUIÇÃO

à ordem estabelecida. O impulso centralizador numa República criada sob o pressuposto da luta contra a tirania monárquica era mais forte do que a maioria dos habitantes imaginava. Cada estado escolheu seus representantes a partir das suas assembleias locais. A maioria dos que se apresentaram na Filadélfia fazia parte de um grupo seleto de homens de propriedade. Eles formaram um quórum de 55 emissários, provenientes de 12 estados que finalmente iniciaram os trabalhos no final de maio de 1787. A composição profissional dos representantes congregados na Filadélfia reunia advogados, comerciantes, donos de estaleiros, especuladores de terras e financistas. Nenhum membro dos grupos de devedores estava presente e 19 representantes eram proprietários de escravos. Os pontos de concordância entre os delegados eram fortes. Eles demandavam o respeito pela propriedade e favoreciam um governo forte, baseado em três poderes independentes que se autovigiariam. A convenção também parecia unânime quanto à ideia de que a democracia, especialmente aquela exercida através do sufrágio universal masculino, era algo a ser temido.

Os delegados se reuniram a portas fechadas sob o calor do verão na Filadélfia. Após debates acirrados, uma série de compromissos começou a consolidar o que seria a Constituição Federal. O primeiro deles dizia respeito à criação de um Congresso bicameral: os estados mais populosos foram contemplados com uma Câmara dos Deputados na qual a representação de cada estado seria proporcional ao tamanho de sua população. A medida favorecia os estados mais populosos cuja influência na Câmara seria forte dali por diante. O descontentamento dos estados menos populosos foi apaziguado com um senado no qual imperava a representação paritária, isto é, cada estado, fosse grande ou pequeno, teria dois senadores. Os delegados também concordaram que qualquer projeto de lei ou imposto seria proposto na Câmara, onde a população contava uma influência mais expressiva que no Senado.

Numa mudança significativa em relação aos arranjos da maioria das constituições estaduais, a nova Constituição Federal instituiu um governo central forte, ainda que sujeito a sanções legais. Esse novo executivo era consolidado pela presidência da República. O presidente seria eleito indiretamente através de um Colégio Eleitoral composto por delegados originários dos estados. O presidente teria quatro anos de mandato e direito a apenas uma reeleição. O presidente disporia também de uma autoridade ampla para designar cargos locais, incluindo juízes, assim como o poder de veto sobre a legislatura. Mas o poder presidencial estava longe de ser absoluto. O presidente, como comandante em chefe, possuía o poder de conduzir a guerra, mas o Congresso manteve o direito crucial de declarar a guerra – uma divisão de responsabilidades que tem sido um convite permanente para conflitos entre o presidente e o Congresso desde então.

A convenção também teve que lidar com as diferenças regionais. Os escravos do Sul que não possuíam o direito de voto poderiam ser contados como pessoas quando se afixasse impostos ou decidisse o número de representantes de um estado escravista? Os estados do Sul queriam que fossem incluídos, mas os representantes do Norte eram contra a contagem para fins puramente eleitorais, argumentando que os escravos não eram cidadãos. Mas a exclusão dos escravos do coeficiente eleitoral diminuiria o número de representantes dos estados do Sul. Como um compromisso entre a total representação ou nenhuma, decidiu-se que os escravos deveriam contar como três quintos de uma pessoa livre. Daí a absurda cláusula dos três quintos que vigorou até a aprovação da 14ª Emenda à Constituição em 1867 (ver quadro). A maioria dos estados também queria acabar com o tráfico internacional de escravos, mas os estados da Carolina do Sul e da Geórgia, que demandavam mais escravos para as suas plantações, eram contra. Finalmente, os delegados costuraram um compromisso através do qual o tráfico de escravos poderia continuar até o final de 1807, quando seria efetivamente proibido. Os delegados também aprovaram uma lei segundo a qual escravos que fugissem para estados nos quais a escravidão não era legal, poderiam ser devolvidos aos seus senhores. As três cláusulas sobre a escravidão permaneceram na Constituição sem que menções diretas aos termos "escravidão" e "escravos" fossem feitas. Uma das ambiguidades daquele documento.

LEI DOS TRÊS QUINTOS

Representantes e impostos diretos serão divididos entre os diversos estados que podem ser incluídos nesta União, de acordo com seus números respectivos, que serão determinados adicionando-se ao número total de pessoas livres, incluindo as que são obrigadas a servir por um prazo de anos, e excluindo os índios não tributados, três quintos das outras pessoas. A enumeração real será feita no espaço de três anos após a primeira reunião do Congresso dos Estados Unidos, e no espaço de cada prazo subsequente de dez anos, da maneira que forem instruídos por lei [...].

Fonte: Constituição dos Estados Unidos, artigo I, seção 2, 3º parágrafo.

Ao final de 17 semanas, 42 dos 55 membros permaneceram para assinar a Constituição. Destes, apenas 3 se recusaram a endossá-la. Um passo havia sido dado, mas o caminho ainda seria longo. Para entrar em vigor, o documento precisaria ser ratificado por pelo menos nove estados. Logo, o debate sobre a ratificação teria início nos estados. Ele opunha os antifederalistas, que eram contra à ratificação, aos federalistas, que obviamente a apoiavam. Os antifederalistas compunham um grupo heterogêneo, reunindo defensores dos direitos dos estados, devedores, moradores do interior com poucas posses e defensores radicais da Confederação. Muitos deles achavam que um governo central fortalecido os obrigaria a pagar suas dívidas no valor total. Outros viam a ratificação da Constituição como o retorno disfarçado do despotismo inglês.

Os federalistas tinham o poder e a influência do seu lado. Eles contavam com o apoio de figuras como George Washington e Benjamin Franklin. Em geral, eles eram mais ricos que os antifederalistas, tinham mais anos de educação e estavam mais bem organizados. Eles também controlavam a imprensa. Mais de 100 jornais eram publicados nos EUA na década de 1780, dos quais apenas 12 apoiavam os antifederalistas. Entre os vários panfletos publicados nos jornais estavam os Artigos Federalistas. Escritos por James Madison, Alexander Hamilton e John Jay, os artigos justificavam a supremacia das repúblicas extensas sobre as pequenas. No Artigo Federalista 10, James Madison introduziu o conceito de "tirania das maiorias" para criticar a crença na virtude de assembleias populares unicamerais. Madison via o governo de pequenas repúblicas como mais suscetível de cair vítima da corrupção. Os federalistas, por outro lado, acreditavam que um governo nacional forte e balanceado poderia controlar os impulsos egoístas dos indivíduos, canalizando-os para a busca do bem comum.

As batalhas pela ratificação nos estados foram árduas e as vitórias dos federalistas muitas vezes derivaram da capacidade de seus líderes para manipular a política, especialmente em estados como Massachusetts e Virgínia, nos quais os antifederalistas eram maioria nas assembleias. Ao final, uma minoria militante trinfou e a Constituição foi ratificada em 1788. A despeito do caráter conservador da liderança federalista, seus arquitetos redefiniram o princípio da soberania popular, subdividindo-a em diferentes poderes, cada um dos quais seria responsável pela fiscalização dos demais. Ficou famosa a frase de James Madison, no Artigo Federalista 51, segundo quem a ambição, não a virtude, proveria o melhor antídoto contra a ambição que poderia corromper a república. "Se os homens fossem anjos", argumentou Madison, "nenhuma espécie de governo seria necessária". A ideia de que uma república extensa conseguiria a estabilidade pela virtude de seu tamanho extenso e da sua diversidade redefiniu a essência dos republicanos norte-americanos, desafiando a sabedoria convencional segundo a qual uma república só poderia sobreviver se restrita a uma área pequena com uma população homogênea.

A Constituição consolidou a ideia de um governo federal com poderes limitados. Ela resultou de acordos inter-regionais sobre os compromissos básicos. O federalismo hamiltoniano era um pacto entre o confederacionismo radical e a centralização moderada, no qual a duplicação de funções era a ordem do dia. Existiam dois sistemas legais, o federal e os estaduais; dois poderes de arrecadação, duas forças militares, o exército e as guardas nacionais estaduais, e a divisão de poderes entre estados e o governo federal duplicava ainda mais essas esferas de influência.

Com a ratificação da Constituição, os Estados Unidos ingressaram numa nova era do seu desenvolvimento republicano, ainda que conflitos sobre as atribuições dos poderes e, principalmente, sobre a soberania do Estado nacional ainda viessem a assombrar a nação durante as décadas seguintes. O compromisso que abriu caminho à ratificação da Constituição Federal postergou a solução de questões polêmicas, tais como: a nacionalização da cidadania, a abolição da escravidão e a colonização de novos territórios.

A igualdade pretendida na Declaração da Independência (1776) foi atribuída pelos pais fundadores apenas aos homens brancos. Aos seus olhos, esses habitantes dos EUA compunham uma sociedade excepcional. A singularidade de sua condição derivava tanto do grau de liberdade individual de que dispunham quanto da ampla tolerância religiosa vigente, reforçando entre os patriarcas a certeza de disporem de prerrogativas extraordinárias, ausentes da vida das demais nações.

O excepcionalismo, desde então, constituiu a doutrina justificadora da posição particular dos EUA no mundo, estabelecida a partir da conjunção das convicções religiosas não conformistas às experiências pessoais num ambiente hostil. Essa doutrina era encorpada pelo orgulho cívico dos habitantes das antigas colônias, cujo patriotismo ainda não estava associado às noções de pátria ou território, escorando-se antes sob princípios que eram simplesmente proclamados como democráticos. Esses colonos, que se percebiam como o povo eleito do Antigo Testamento, representavam sua sociedade como "uma cidade sobre a colina", isto é, como um modelo exemplar de organização social e política com uma missão a cumprir no concerto das nações.

Política e sociedade na nova República, 1790-1820

Entre as décadas de 1790 e 1830, os Estados Unidos desenvolveram a primeira democracia de massas e o primeiro mercado popular de consumo. A incorporação de novos estados à União original, a expansão do voto masculino, a formação de partidos políticos e o desenvolvimento econômico marcaram esses anos de consolidação das práticas republicanas. O sistema presidencial foi testado em várias das suas atribuições e as relações entre os três poderes foram aperfeiçoadas ao longo dessas tumultuadas primeiras décadas de governo constitucional. Mas os americanos, fossem eles parte da população já estabelecida ou imigrantes que afluíam aos milhares, também testemunharam as dores do crescimento, isto é, conflitos que marcaram o início dessa experiência constitucional. Não foram poucas as ocasiões em que houve dúvidas sobre se aquele experimento republicano prosperaria. Este capítulo trata das quatro primeiras décadas após a ratificação da Constituição Federal, a era do primeiro presidencialismo.

Entre a independência e 1830, todas as regiões dos Estados Unidos experimentaram um grande desenvolvimento das suas capacidades econômicas, demográficas e democráticas. Até essa época, nenhuma outra sociedade havia testemunhado transformações tão rápidas num espaço de tempo tão limitado. Apesar da grande confiança proporcionada pela conjugação de progresso e mobilidade social, as transformações constantemente desafiaram o conservadorismo dos líderes da república. A expansão territorial, o crescimento demográfico, a industrialização e a expansão da escravidão para o Oeste apresentaram muitos desafios para a geração dos pais fundadores.

Nem todos os grupos beneficiaram-se igualmente das mudanças. Enquanto a população branca e os imigrantes europeus experimentavam oportunidades crescentes de progresso pessoal, índios das fronteiras e negros (fossem escravos ou libertos) não participaram dos benefícios do desenvolvimento econômico ou dos avanços possibilitados pela democracia. Também havia dificuldades para enquadrar os católicos, subordinados ao papa e, por essa razão, discriminados como súditos de um monarca absolutista. Esses indivíduos ainda conseguiam ser nivelados aos demais pela cor da pele, a despeito de professarem uma religião cuja liturgia era desvalorizada pelo republicanismo estadunidense.

Índios e negros encontravam-se excluídos de uma forma mais profunda e duradoura. Os primeiros, considerados membros de nações estrangeiras, eram sujeitos a tratados que os afastavam progressivamente das suas terras. Já a presença dos negros (fossem eles livres ou escravos) era vista como temporária, uma aberração passível de extinção progressiva frente ao avanço conjugado das forças da democracia e do capitalismo. O otimismo quanto à extinção progressiva da escravidão não era acompanhado de uma posição mais clara sobre o destino dos ex-escravos a longo prazo. Mesmo que a escravidão já fosse então condenada por algumas correntes religiosas, a aceitação do negro como "um igual" constituía uma posição rara também entre aqueles que denunciavam a "instituição peculiar" como um pecado.

Simultaneamente ao fortalecimento da soberania popular, às crises internas e às disputas políticas, a República teve que resolver questões de política externa que por vezes abalaram a confiança na estabilidade das instituições. Nas próximas páginas veremos como essa estrutura foi posta em funcionamento, analisando os principais desafios, as transformações políticas e sociais e a criação de tradições institucionais.

O GOVERNO DE GEORGE WASHINGTON

George Washington foi eleito por unanimidade pelo Colégio Eleitoral, tomando posse em Nova York em abril de 1789. Durante seus primeiros dias no governo surgiu uma divisão sobre o tratamento a ser dispensado ao presidente da República. Como a função era nova, não havia um padrão definido para a forma como a autoridade mais alta da República deveria ser chamada. Alguns congressistas entendiam que o presidente, os governadores de estado e os embaixadores deveriam ser tratados por "Vossa Excelência", reforçando as liturgias dos respectivos cargos. Outros, mais obsequiosos, queriam tratá-lo por "Protetor dos direitos do Povo" ou "Vossa Alteza". Por fim, prevaleceram os princípios republicanos e o Congresso acatou o simples e familiar "Sr. Presidente", em uso até nossos dias. Washington montou um gabinete com três ministérios, no qual sobressaíam nomes importantes, como: Alexander Hamilton, Thomas Jefferson e Henry Knox.

Entre as primeiras ações do novo governo estava a ratificação das emendas à Constituição. Esse movimento constituía uma pré-condição que as lideranças de vários estados impuseram para a ratificação daquele documento. A aprovação era importante para aumentar o apoio ao regime, num momento em que o sistema de três poderes começava a funcionar. Após muitos debates, os congressistas concordaram a respeito de 12 emendas que foram enviadas aos estados. Os legislativos estaduais ratificaram 10 delas, incorporando-as ao texto constitucional. Esse conjunto de leis ficaria conhecido como "Declaração de Direitos" (*Bill of Rights*). Elas afiançavam, entre outras garantias: as liberdades de manifestação, de imprensa, de religião, o direito de ser julgado por júri popular, o direito a portar armas, o direito a processo legal. Elas ainda proibiam buscas sem autorização judicial e a coerção de testemunhar contra si mesmo em processos criminais. A "Declaração de Direitos" atuou como um contrapeso a favor do cidadão, já que a Constituição fortalecia o poder Executivo, isto é, do presidente da República. Ela constitui o mais importante legado dos antifederalistas.

38 ESTADOS UNIDOS

Para responder à paralisação da economia, ao endividamento dos governos estaduais e aos conflitos entre facções, o governo de George Washington aprofundou o processo de centralização. Primeiramente, o governo federal enfrentou a questão da dívida pública, que se arrastava desde o final da Guerra pela Independência. Havia a dívida externa e as dívidas dos estados. Ambas afetavam a confiança na economia americana, dificultando o crédito através da incerteza política, que limitava os investimentos particulares e os fluxos comerciais. Para responder a esses desafios, o governo federal assumiu os débitos dos estados e a dívida externa. Muitos especuladores aproveitaram-se da incerteza de pequenos comerciantes e lavradores, comprando seus títulos da dívida dos estados a preços mínimos, para posteriormente revendê-los ao governo federal pelo valor de mercado. Não houve combate a esse tipo de especulação, já que a intenção era fortalecer o livre mercado. Mas a persistência da prática e a inoperância do governo em defesa dos pequenos investidores frustraram muitos cidadãos que se sentiram prejudicados pela onda especulativa. Outros criticaram essa manobra por fortalecer demais o poder do governo federal sobre os estados.

A nacionalização da dívida dos estados beneficiou desigualmente as unidades federativas. Aqueles estados que estavam com suas contas em dia ressentiram-se por ter que contribuir para sanar as dívidas dos inadimplentes. Particularmente Pensilvânia e Virgínia ficaram insatisfeitas por ter que contribuir para zerar os débitos de Nova York, Nova Jersey e Massachusetts. Em seguida, sob a liderança do secretário do Tesouro, Alexander Hamilton, Washington criou o Banco dos Estados Unidos, instituindo uma fonte de crédito que fortalecia ainda mais o poder central em detrimento das partes constituintes. Muitos viram na criação do banco um movimento de apoio aos industriais e grandes comerciantes – que seriam beneficiados por empréstimos a juros baixos, enquanto fazendeiros e artesãos permaneceriam desassistidos pelos poderes públicos. Foi justamente em torno das políticas fiscais centralizadoras que se estruturou o primeiro sistema partidário do país.

Os federalistas, liderados por Hamilton, batiam-se pelo fortalecimento do poder central. Nascido na ilha de Nevis, no Caribe inglês, Hamilton se tornou o favorito dos comerciantes de Nova York, cidade na qual se estabeleceu, prosperou e manteve relações pessoais com sua elite, inclusive casando-se. Durante a Guerra de Independência, atuou como secretário de Washington, eventualmente lutando e comandando tropas durante boa parte da campanha. Apesar do seu apoio incondicional à Independência,

Hamilton via o sistema político inglês como o modelo a ser adotado pela República americana. Nessa perspectiva, o governo deveria apoiar o fortalecimento do comércio e da indústria, dotando o país de forças militares que o fizessem respeitado interna e externamente, e ao mesmo tempo apoiar o desenvolvimento econômico através de iniciativas nas áreas de infraestrutura e proteção tarifária. Hamilton também combatia o que entendia como os "excessos da democracia", particularmente a excessiva participação popular através de protestos e petições. O governo deveria ser exercido por uma minoria qualificada, insulada dos conflitos e demandas dos setores mais humildes. Curiosamente, apesar das suas restrições à democracia popular, Hamilton foi um crítico da escravidão, que via como uma instituição atrasada e desumana.

Durante o primeiro governo de Washington, Hamilton estabeleceu a maior parte da estrutura do governo federal dos Estados Unidos. Dando continuidade à sua aliança com banqueiros e comerciantes, também criou vários impostos sobre o consumo, no intuito de fortalecer o governo e proteger a indústria nascente. Mas essas medidas descontentaram muitos fazendeiros, particularmente aqueles vivendo no Sul, que temiam possíveis represálias dos parceiros comerciais europeus. Elas também atingiram a população mais pobre, que tinha que lidar com os aumentos de preços resultantes do encarecimento dos produtos importados.

Nem todos os líderes políticos estavam satisfeitos com o novo estado das coisas. Para alguns deles, como Thomas Jefferson, o avanço do comércio e da indústria representou uma ameaça real à manutenção da virtude cívica original. Durante os primeiros anos da República, Jefferson atuara como embaixador na França, de onde testemunhou o início da Revolução em 1789. Na Virgínia, seu estado natal, atuou como um reformador na defesa das liberdades individuais: ele lutou pela separação entre o estado e a Igreja Anglicana, pela reforma das leis de herança (que normalmente favoreciam o filho primogênito) e pelo estabelecimento de um sistema público de educação. Também fundou a Universidade da Virgínia, uma instituição de ensino superior laica, cujo prédio principal projetou.

De acordo com a visão jeffersoniana, a expansão comercial das repúblicas anteriores constituíra a principal fonte de sua corrupção e decadência. A riqueza trouxera a desigualdade, intensificando o potencial para a luta de classes que ameaçava o tecido social da República norte-americana. Os exemplos do Império Romano, das Províncias Unidas Holandesas e, sobretudo, a experiência histórica inglesa forneciam uma

40 ESTADOS UNIDOS

justificativa poderosa para as ressalvas de Jefferson contra a mercantilização da sociedade. Ele temia que a virtude cívica que os patriotas defenderam contra os inimigos britânicos durante a Guerra de Independência pudesse ser minada por forças internas. Sua linha de pensamento preconizava que a ação de uma rica minoria aristocrática, mesmo uma aristocracia de talento, poderia ser muito mais nociva à estabilidade do que a ação das multidões urbanas.

Dessa perspectiva, a concentração de riqueza seria uma fonte potencial de despotismo muito mais poderosa que o republicanismo radical defendido por alguns setores da Revolução Americana. O cerne do pensamento jeffersoniano encontrava-se na ideia de que a sociedade americana não deveria repetir o padrão familiar de uma forte divisão entre os poucos proprietários e as massas de trabalhadores pobres e despossuídos. Curiosamente o cálculo jeffersoniano voltava-se apenas contra os industriais e comerciantes do Norte, isentando os grandes fazendeiros escravistas, que eram arbitrariamente inseridos no padrão "agricultor", sem considerar se viviam ou não do trabalho alheio.

Jefferson não estava sozinho nas críticas dirigidas aos federalistas, pois muitos dos seus pares entre os pais fundadores compartilhavam dos temores de que o aumento exagerado da riqueza poderia trazer corrupção, destruindo o experimento republicano. A partir do seu posto como secretário de Estado (ministro do Exterior), aglutinaram-se os mais insatisfeitos, formando o embrião daquilo que ficaria conhecido como Partido Democrático-Republicano, ou simplesmente Jeffersoniano. Esses setores da opinião pública também viam as políticas de Hamilton como um ataque aos direitos dos estados. À soberania local, que havia sido tão importante na luta contra os ingleses. Portanto, defendiam uma política descentralizada na qual a agricultura se manteria como a base da economia estadunidense.

Os pais fundadores não previram a fundação de partidos políticos, já que a noção de uma oposição popular organizada a um governo democrático, um governo baseado no consenso popular parecia-lhes algo desleal. A oposição ao governo afrontava o espírito de união nacional despertado pela Guerra de Independência. Dessa forma, quando Jefferson e James Madison organizaram sua oposição ao programa hamiltoniano, eles inicialmente limitaram suas atividades ao Congresso, evitando a criação de um partido popular. À medida que o antagonismo se fortalecia, através da propaganda em jornais e panfletos que estimulavam o debate público, essas estruturas começaram a se enraizar na sociedade através de clubes, associações e comícios.

Os jornais popularizaram o debate político através de sátiras e charges, que tornavam mais fácil o acesso popular aos argumentos discutidos nos salões. A competição bipartidária existiu nos Estados Unidos desde aquela época. Ironicamente, a despeito das suspeitas iniciais sobre a legitimidade dessas agremiações, a competição partidária pelo poder provou ser um ingrediente indispensável do sistema democrático.

Logo as políticas econômicas de Hamilton foram alvo de protestos populares. Os americanos tinham uma tradição de protestos contra impostos que fora fundamental na luta contra o domínio britânico. A principal manifestação contra o rumo do governo foi a Revolta do Whiskey, na Pensilvânia. Hamilton lançou uma taxa sobre o uísque transportado através das montanhas para o litoral, mas o imposto não atingia o transporte em grãos. O problema era que o transporte destilado era mais seguro e barato do que quando feito em grãos, por isso os fazendeiros daquela região processavam sua colheita daquela forma. A tentativa de taxar o destilado, normalmente produzido por pequenos fazendeiros, foi alvo de desobediência civil. Os fazendeiros recusaram-se a pagar os impostos e se revoltaram, queimando a casa de um cobrador chamado John Neville. O governo respondeu convocando exército e milícias para reprimir o movimento. Mas o enfrentamento não aconteceu, porque os fazendeiros se dispersaram. A rebelião não chegou a ameaçar o governo e a punição foi bem mais branda do que inicialmente previsto. Mas a visão de tropas marchando contra cidadãos comprometeu a imagem dos governantes, fortalecendo a crítica dos jeffersonianos.

A NEUTRALIDADE
NUM AMBIENTE INTERNACIONAL HOSTIL

Os anos de 1790 coincidem com a radicalização da Revolução Francesa e o início das hostilidades na Europa. Quando os revolucionários intensificaram seus ataques à monarquia, à aristocracia e à Igreja Católica, a Revolução se tornou o alvo das forças do conservadorismo europeu que temiam pelas sortes de suas respectivas casas dinásticas. O resultado foi uma guerra europeia de grande porte que engolfou o continente numa luta entre uma coalizão liderada pela França e outra, liderada pela Prússia e pela

42 ESTADOS UNIDOS

Inglaterra. Rapidamente, as repercussões da guerra atingiram o comércio atlântico, levando a política externa dos EUA a enfrentar a questão do posicionamento diplomático frente à crise europeia.

A monarquia francesa aliara-se aos patriotas americanos durante a Guerra de Independência através do tratado de 1778. Alguns de seus oficiais, como Lafayette, tomaram parte direta na luta. O apoio da marinha e do exército francês foi decisivo para a derrota dos britânicos. De acordo com os termos daquele acordo, a aliança deveria ser perpétua, particularmente no que respeitava à defesa das possessões francesas no Caribe e na América do Sul. A marinha britânica, contando com o domínio do Atlântico, quase certamente atacaria essas colônias. Muitos jeffersonianos entendiam que a aliança com os franceses deveria ser mantida. Os EUA deveriam retribuir a ajuda francesa lutando contra a Inglaterra. Além disso, a aliança reforçaria a causa republicana na Europa. Mas o presidente Washington entendia os assuntos internacionais de outra maneira.

Washington queria evitar a guerra a qualquer custo, uma vez que tanto as forças armadas quanto os recursos econômicos não eram sólidos o suficiente para enfrentar um desafio militar de grande envergadura. Washington proclamou a neutralidade americana em 1793, proibindo seus cidadãos de tomarem lado na contenda. Trata-se da primeira de várias políticas isolacionistas frente aos europeus assumidas pelos EUA ao longo de sua história. Uma questão logo chamou a atenção: o apoio dos jeffersonianos à ação de corsários franceses no Caribe utilizando portos norte-americanos como base. O corso era tolerado como uma espécie de comércio pelos Estados Unidos. Mas quando essa ação tomou um sentido de apoio diplomático, ela irritou os setores mais moderados que a viam como um desrespeito à posição do governo federal. Washington ordenou a partida do cônsul francês e sua substituição por um elemento mais moderado. A ação do presidente no sentido da preservação da neutralidade ilustrava o fato do autointeresse, não uma ideologia particular, constituir a base do sistema diplomático dos Estados Unidos. Uma característica que se mantém desde então.

Os contenciosos com os ingleses desafiaram a política de neutralidade de Washington. Mesmo com o Acordo de Paz de Paris de 1783, a Inglaterra mantinha tropas e fortificações na região dos Grandes Lagos. Apesar da promessa de evacuação, os ingleses pareciam querer criar um estado-tampão, com a ajuda de tribos indígenas miami, de onde poderiam continuar a explorar o comércio de pele de castores, bastante lucrativo naquela época. Essa situação ameaçava a expansão para o Meio-Oeste. Os miamis, liderados pelo chefe Tartaruga Pequena, impuseram pesadas baixas ao exército dos Estados Unidos, antes de serem finalmente derrotados na Batalha de Fallen Timbers, em 1794. A vitória do exército abriu caminho para um acordo com os miamis que espoliaria suas terras e para a gradual retirada dos britânicos das posições que mantinham no Meio-Oeste. Tratados que regulavam o comércio, cimentavam alianças e permitiam a cessão de terras, tornaram-se um ponto importante da política dos Estados Unidos em relação aos índios. Colaborando para o desenraizamento e eventual extermínio das tribos nativas.

As tribos indígenas recebiam o tratamento de nações estrangeiras, sendo, ao menos em teoria, pagas pela perda de suas terras para posterior realocação em terras localizadas ao Oeste. Um dos problemas desses acordos é que o governo norte-americano mostrou-se constantemente incapaz de cumpri-los na sua integridade, especialmente quando novas levas de colonos entravam em conflito com as tribos realocadas, forçando novos acordos e remoções. A dificuldade de cumprir os tratados aumentou a desconfiança das nações indígenas, mas a possibilidade daqueles grupos de contar com o apoio dos ingleses foi cada vez menor, inviabilizado o sucesso de eventuais confederações indígenas eventualmente formadas para impor limites ao avanço da migração.

POLÍTICA INDÍGENA

A Independência dos Estados Unidos ofereceu a oportunidade para a remoção das tribos que habitavam as terras a oeste dos montes Apalaches (transapalachianas). Anteriormente, essas tribos haviam apoiado sua segurança em alianças com os dois grandes impérios europeus. Mas com o a expulsão dos franceses e, posteriormente, com a retirada dos ingleses, as tribos ficaram à mercê dos colonos brancos, cujo governo estimulava o avanço pelas ricas terras do Vale do Ohio e do norte do estado de Nova York. Em menos de 20 anos, essas tribos perderam seus principais aliados europeus, sendo obrigadas a negociar tratados cada vez mais desvantajosos com os ex-colonos. Assim, para as tribos indígenas a independência dos EUA significou um golpe na sua autonomia uma vez que a liberdade dos brancos crescentemente implicou na perda da liberdade dos nativos. Um movimento cuja dramaticidade aumentaria nas décadas seguintes.

44 ESTADOS UNIDOS

Se a derrota dos miamis permitiu a incorporação dos territórios dos atuais estados de Indiana e Ohio, problemas nos mares continuaram dificultando as relações anglo-americanas. Na fronteira marítima os britânicos estavam impacientes para bloquear as colônias francesas na América e naturalmente esperavam que os americanos as defendessem sob os termos da aliança franco-americana. Alguns comandantes mais exaltados da marinha real ignoraram a posição de neutralidade, capturando cerca de 300 navios mercantes americanos, simultaneamente recrutando à força e alistando na marinha britânica muitos dos marinheiros. Essa prática criava grande consternação nas cidades portuárias, uma vez que muitos desses marinheiros eram obrigados a servir na marinha britânica, na qual as regras disciplinares eram draconianas, sem falar nos riscos gerados pela participação numa guerra naval de grandes proporções.

Essas ações incensaram o patriotismo dos americanos. Protestos exaltados emergiram principalmente entre os jeffersonianos, que exigiam que a república lutasse novamente contra o rei George III em defesa das suas liberdades. Defendiam que pelo menos interditassem todos os suprimentos dirigidos ao opressor, através de um embargo de caráter nacional, uma medida que se tornaria pauta importante do receituário jeffersoniano. Mas os federalistas resistiram a essas demandas por ações drásticas. As maiores expectativas de Hamilton em relação ao desenvolvimento econômico dependiam da manutenção do comércio com a Inglaterra, cujas compras eram fundamentais para o escoamento das exportações de cereais e tabaco provenientes dos Estados Unidos. Uma guerra contra o principal império comercial do globo interferiria com o núcleo do sistema financeiro defendido por Hamilton. Portanto, a neutralidade se manteve a duras penas e a despeito de situações que por vezes afetavam o brio dos norte-americanos.

Exausto após todos esses conflitos, George Washington decidiu se retirar ao final do seu segundo mandato. Sua escolha contribuiu para o estabelecimento de uma tradição presidencial de dois mandatos, tradição que foi quebrada apenas durante o governo de Franklin D. Roosevelt, sendo confirmada pela 22ª Emenda à Constituição de 1951. No seu discurso de despedida, Washington alertou para o perigo de "alianças permanentes", referindo-se aos embaraços do acordo franco-americano de 1778. Ao contrário, Washington propunha alianças diplomáticas temporárias, direcionada a emergências.

John Adams, de Massachusetts, sucedeu a Washington como segundo presidente. O candidato natural dos federalistas era Alexander Hamilton. Mas os conflitos causados por suas políticas econômicas comprometeram eventuais pretensões eleitorais. As eleições presidenciais ainda não haviam adquirido o caráter popular predominante em uma democracia de massas. Elas resultavam de recomendações de grupos de notáveis, cujos delegados indicavam o presidente no Colégio Eleitoral. Alguns poucos estados, como Connecticut e Massachusetts, instituíram o sufrágio universal masculino, mas essa prática ainda não predominava naqueles estados nos quais critérios de renda impediam o funcionamento do sufrágio universal.

Adams derrotou Thomas Jefferson devido à força que os federalistas ainda possuíam, principalmente na região da Nova Inglaterra. Ele servira como vice-presidente de Washington e conhecia bem as estruturas de governo, ainda que não fosse exatamente um político popular ou carismático. Seu governo foi dominado por problemas de política externa e pela contínua insolvência do grupo federalista, dividido por lutas internas que as ações de Adams não conseguiram resolver. Foi o primeiro presidente a viver na cidade de Washington, o distrito federal construído entre os estados de Maryland e Virgínia, cuja inauguração ocorreu em 1800, poucos meses antes da eleição presidencial seguinte.

UMA GUERRA NÃO DECLARADA CONTRA A FRANÇA

Como os litígios com a Inglaterra não levaram a uma declaração de guerra, a França passou a ameaçar os Estados Unidos através de atos de pirataria. Tentativas infrutíferas de pactuar um tratado de comércio e amizade com o Diretório francês impeliram os americanos a uma campanha de rearmamento que previa inclusive a criação de um grande exército profissional. A marinha de guerra foi reforçada com a construção de novos barcos, um desenvolvimento que impulsionou a indústria naval.

Paralelamente, um Congresso dominado pelos federalistas rompeu com o tratado de aliança de 1778 e aprovou o Ato de Sedição (*Sediction Act*), que ameaçava estrangeiros e americanos com a acusação de traição caso eles tomassem posição clara a favor de alguma potência europeia, particularmente da França. O ato limitava as liberdades individuais num momento de crise, alarmando os grupos jeffersonianos que temiam o cerceamento das atividades da oposição, particularmente se a guerra fosse declarada. Reações a essa lei se estenderam por todo o país, mostrando que medidas restritivas à liberdade não seriam bem recebidas mesmo num momento de crise. O ato dava ao presidente poderes discricionários sobre quando, como e onde intervir em favor da segurança nacional, contrapondo-se algumas vezes à "Declaração de Direitos".

Se o clima de nacionalismo fervoroso fortaleceu Adams, as perspectivas de criação de um exército para fazer frente aos franceses não o entusiasmaram. A tradição norte-americana repudiava exércitos profissionais pelo perigo de opressão que aqueles representavam. Além disso, Adams temia que um exército fortalecido sob o comando de Hamilton, um rival entre as facções federalistas, pudesse ameaçar a liderança presidencial, criando uma duplicidade de poder. A desconfiança em relação a seu adversário levou o presidente a recuar dessa proposta, para irritação de Hamilton e dos grupos que apoiavam a guerra.

Tanto a França não tinha condições militares de travar uma guerra na América naquele momento, como boa parte da sociedade americana não apoiava o conflito. Levando em conta o peso da opinião pública em suas chances de reeleição e as fragilidades da economia da República, Adams enviou secretamente seu filho, o futuro presidente John Quincy, para sondar o clima entre os franceses. O emissário percebeu que as lideranças francesas não eram mais favoráveis a uma guerra com os Estados Unidos. O país encontrava-se militarmente comprometido na Europa de uma forma que desencorajava uma guerra nas Américas. Levando em conta essa opinião, o presidente contrariou seu próprio gabinete e destacou uma nova missão, que chegou, por fim, a um acordo com as autoridades francesas. Mas o acordo veio tarde demais para aumentar as chances de reeleição de Adams, cuja liderança enfraquecera-se ao longo daquela conjuntura difícil.

Os movimentos de Adams em direção à paz com a França dividiram os federalistas, já que muitos membros dessa facção apoiavam uma declaração de guerra. Dessa forma, o partido entrou enfraquecido na eleição de 1800. A eleição presidencial colocou como candidatos John Adams, Thomas Jefferson e Aaron Burr. Surpreendentemente, Jeferson e Burr terminaram empatados, somente um pouco à frente de Adams. Ou seja, não houve uma maioria absoluta no Colégio Eleitoral. Tal como determinava a Constituição, a decisão foi levada à Câmara dos Deputados, que após 36 escrutínios determinou pela vitória de Jefferson. Seria a primeira vez em que haveria uma real alternância de poder nos Estados Unidos, um resultado aceito por todos os partidos. Esse foi um acontecimento especial para uma nação jovem, especialmente levando em conta os conflitos amargos que agitaram o país durante a presidência de Adams. Também seria a primeira vez que uma eleição presidencial terminava de maneira inconclusa, levando à negociações para a sua finalização.

A REVOLUÇÃO DE 1800

A eleição de Thomas Jefferson foi o resultado da reação antifederalista contra a centralização e a legislação restritivas efetuadas durante os anos 1790. Foi um movimento que recuperou as raízes do republicanismo revolucionário. Ao colocarem Jefferson na cabeça do governo federal, os oponentes do federalismo reestruturaram a política norte-americana e restabeleceram sua tradição democrática. Dessa forma, os jeffersonianos detiveram nos Estados Unidos a onda conservadora europeia, que se opunha ao radicalismo da Revolução Francesa e que encontrou sua manifestação mais efetiva na formação da Santa Aliança anos depois.

Em contraste com a reação europeia, os Estados Unidos do século XIX apresentaram um quadro bem diferente, com a expansão da franquia eleitoral e a inclusão crescente dos homens brancos adultos, abrangendo até os imigrantes residentes no país durante período legal mínimo, de acordo com as leis de cada estado. A experiência histórica norte-americana deu, assim, prosseguimento à emergência da participação política das massas, num nível desconhecido por outras sociedades na mesma época.

Apesar de suas reservas a respeito da industrialização e do comércio, a administração de Jefferson caracterizou-se por políticas conciliatórias. Ele envolveu-se num movimento de mediação entre perspectivas tradicionais e modernizantes, buscando o equilíbrio entre os vários ramos das atividades econômicas. Dado o delicado quadro internacional, com as guerras na Europa, a nação estava ansiosa demais por estabilidade para abandonar completamente a organização centralizada estabelecida pela Constituição. Portanto, o pragmatismo de Jefferson só modificou ocasionalmente o sistema hamiltoniano, que prevaleceu durante a maior parte do período anterior à eclosão da Guerra Civil.

A despeito do caráter descentralizado do sistema político nesse período, não seria correto afirmar que nenhuma forma de poder público se desenvolveu nos Estados Unidos. Após a independência, a tênue organização federal existente era baseada na ideia de um Estado fraco, porém funcional. Na perspectiva anteriormente esboçada, o Estado nacional forneceria a estrutura essencial para o desenvolvimento comercial da nação. Isso seria feito através da criação de um mercado nacional, da coleta de direitos de alfândega, da expansão do crédito público e na proteção de contratos. Assim, os norte-americanos mantiveram um Estado, abarcando a organização do poder coercitivo e um senso de rotinas estáveis entre as instituições. Ele era baseado na aceitação de um conjunto de regras e de instituições que, como os partidos e as cortes, tinha existência nacional. Era esse Estado de "partidos e cortes" que fazia guerras contra índios, arbitrava disputas entre os estados, mantinha uma ordem legal integrada numa escala constitucional, ajudava o desenvolvimento econômico e negociava tratados com outras nações. Essa estrutura limitada foi essencial para a manutenção da ordem e para o desenvolvimento social durante a primeira metade do século XIX. O Estado nacional era importante, sobretudo no que dizia respeito a um aspecto relevante da política norte-americana no início do século: a expansão territorial.

AGRARISMO E ESCRAVISMO

Num contraste flagrante com os exemplos históricos clássicos, Jefferson apoiou a expansão territorial como o meio mais eficaz de manter e expandir a virtude cívica americana. Nessa linha de ação, a disponibilidade de terras garantiria que a República continuaria a ser dominada pelo fazendeiro independente "*yeoman*", que simbolizava o ideal de cidadão. Os jeffersonianos acreditavam que somente pelo acesso contínuo a novas terras seria possível perpetuar a possibilidade de construir uma nação de proprietários, independentes da vontade dos ricos e poderosos membros da minoria de especuladores e comerciantes. Essa retórica fisiocrática prezava a independência individual contra a escravidão do assalariamento, a proletarização que começava a se firmar na paisagem social europeia, simultaneamente mascarando a realidade escravista que predominava no Sul do país.

Nos estados do Sul, esse ideal pastoral oferecia um apelo mais forte do que nos estados do Norte. Três razões explicam essa diferença: o predomínio das atividades agrícolas na região; a exploração do trabalho escravo como cerne da força produtiva; e a exclusão dos negros do conjunto de direitos. Nessas circunstâncias, era mais fácil para os escravistas do Sul forjar um discurso compatível com as aspirações democráticas dos brancos não proprietários de escravos, que constituíam a maioria da população. Jefferson, Madison, John Taylor e outros líderes do Sul sustentavam uma visão mais igualitária do interesse público. Eles defendiam a superioridade da organização social agrária sobre o ambiente urbano industrial. Nesse mundo agrário, os fazendeiros, fossem escravistas ou não, podiam usufruir de direitos iguais e compartilhar as mesmas aspirações por liberdade e democracia. Mas essa aliança só era possível porque a ordem democrática a que eles aspiravam era limitada, incluindo os homens brancos. Essa ordem denotava um igualitarismo racista.

Se a escravidão foi precocemente condenada por algumas denominações protestantes, também foi alvo de censura por parte de lideranças políticas de expressão. Desde o início da República, os críticos laicos da escravidão revelaram-se igualmente céticos quanto ao destino dos escravos no pós-abolição. Para Thomas Jefferson, redator da Declaração de Independência, a colonização constituía a principal solução para resolver os problemas originados pela convivência entre as "raças". Jefferson, um dos principais defensores da expansão do voto entre os homens brancos, também era um senhor de escravos no seu estado, a Virgínia. Sua posição sobre o assunto associava a aceitação da escravidão (como um mal necessário) à previsão de sua substituição progressiva, seguida pela expansão de uma população branca pelo continente. Através dessa "marcha", os valores da democracia em formação transformariam a jovem nação num império para a liberdade. Virtude cívica e expansionismo territorial aliavam-se no ideário jeffersoniano à homogeneidade racial. Por essa razão, a convivência de "raças" diferentes (a não ser na relação de dominação) seria impossível. Segundo Jefferson, a permanência dos negros na América levaria à cisão da sociedade em dois grupos raciais, além de gerar um forte preconceito que comprometeria a harmonia social.

Escravidão e estrutura de classes entre os brancos do Sul, 1830

Não proprietários de escravos	64%
Proprietários de 1 a 5 escravos	18%
Proprietários de 5 a 50 escravos	15,5%
Proprietários de 50 escravos ou mais	2,5%
Total	100%

Fonte: U.S. Bureau of the Census.

No Norte, onde a escravidão não era forte e a industrialização mais significativa, uma aliança como essa seria muito menos provável, pois o conflito de classes e a ebulição social contestavam as estratégias patrícias de controle social. Nos anos iniciais da República, o medo do povo e do radicalismo dominou as elites do Norte, enquanto os líderes do Sul podiam ser mais consistentes nos seus apelos por participação política (mesmo quando restritos por considerações raciais).

No Sul, as demandas dos brancos pobres não eram consideradas um desafio direto ao poder escravocrata, enquanto no Norte a massa de brancos pobres sem posses constituía uma ameaça potencial à manutenção da hierarquia social. Desse prisma, as posições nortistas soavam inicialmente muito mais conservadoras. Foi geralmente sob a inspiração das ideias e ações de lideranças originárias do Sul que se deram os apelos pela expansão da franquia eleitoral durante a primeira metade do século XIX. O paradoxo da democracia americana é o fato de uma sociedade que avança a questão do sufrágio universal masculino ao mesmo tempo em que ignora ou tolera o problema da escravidão.

Durante os dois mandatos de Jefferson (1801-1809), o território norte-americano praticamente dobrou através da compra da Luisiana à França em 1803 (ver Mapa 2 adiante). Já sob o comando de Napoleão Bonaparte, a França enviou tropas para retomar a ilha de São Domingos, onde uma rebelião de escravos havia instituído o primeiro autogoverno americano comandado por negros em 1792. A derrota dos cerca de 30 mil soldados franceses persuadiu Napoleão da futilidade de futuras tentativas de suprimir a revolta. Foi a primeira grande derrota do exército francês, gerando um movimento que resultaria na criação do Haiti como país independente, no ano seguinte. A derrota para os ex-escravos fez com que Napoleão abandonasse seus planos de manter um império na América. Nesse panorama, a venda da Luisiana passou a ser uma opção aceitável para o futuro imperador francês, já que geraria recursos para a guerra europeia. O tratado que Adams havia obtido ao final do seu mandato ajudou a manter as relações franco-americanas num nível aceitável, facilitando a compra de uma região que praticamente dobraria o tamanho do território dos Estados Unidos.

Mapa 2 – Compra da Luisiana, 1803

Através da aquisição daquela possessão francesa, os Estados Unidos praticamente dobraram o tamanho do seu território.

Os políticos jeffersonianos acreditavam que uma sociedade livre, com sua promessa de independência para o *yeoman*, requeria a expansão territorial. O alargamento das fronteiras foi buscado para a aquisição de terras que pudessem perpetuar a regeneração econômica e espiritual do republicanismo democrático. Mas ele também trazia as sementes dos conflitos seccionais (regionais) na medida em que não houve apenas expansão para colonos livres, mas também expansão das áreas agrícolas cultivadas por escravos, principalmente a partir do surgimento das culturas de algodão e cana-de-açúcar na região do vale do baixo Mississipi, que começou por volta de 1790 e transformou em poucos anos uma sociedade com alguns escravos numa sociedade escravista. Os distritos ao longo do rio Mississipi entre Natchez e Nova Orleans continham as mais altas proporções de escravos na América do Norte. Essa migração forçada deu continuidade a um processo de tráfico interno que não encontra paralelo em outras sociedades escravistas. Alguns autores referem-se a esse processo como "uma segunda escravidão". O fato é que a cultura do algodão, por sua importância no mundo industrial, revigorou a escravidão nos Estados Unidos. Isso se deu através do aumento da produtividade em função de novos ritmos de trabalho e da profunda inserção das atividades escravistas nos processos industriais.

O sucesso da cultura do algodão e o crescimento demográfico da população escrava destruíram a ideia de que a instituição iria desaparecer gradualmente, que tinha sido forte na época da independência. Essa perspectiva ajudou a promover os compromissos feitos durante os debates constitucionais, encaixando-se como uma luva ao ideal republicano jeffersoniano, mas as transformações econômicas e demográficas modificariam esse ambiente tão propício à conciliação, conferindo à competição política um caráter progressivamente seccional.

Jefferson foi facilmente reeleito para um segundo mandato. Durante esse período, ele tentou estabelecer um embargo contra a Inglaterra, uma velha plataforma do seu grupo político que fortalecia a perspectiva de uma coerção pacífica contra os poderes europeus, através da qual o governo evitaria um envolvimento militar direto. As políticas inglesas de apresamento de navios e de captura de marinheiros continuavam prejudicando o comércio americano, mas não havia condição de uma reação militar. Por isso, o embargo parecia, a princípio, uma opção mais eficiente, ao privar as ilhas britânicas do suprimento de cereais produzidos nos Estados Unidos. Esperava-se que o impacto do racionamento levasse os ingleses a reverem suas ideias. Mas os resultando foram diferentes, uma vez que o embargo ocasionou uma forte crise econômica que paralisou boa parte da economia americana, sem modificar a conduta britânica, já que os ingleses encontraram nas Américas espanhola e portuguesa fontes alternativas para abastecer seus silos, armazéns e paióis.

James Madison sucedeu a Jefferson em 1809. Ambos vinham do estado da Virgínia e eram amigos de velha data. Mas Madison teve que lidar com uma situação europeia ainda mais contenciosa, uma vez que por volta de 1809 os conflitos estavam no ápice, a partir da decretação do bloqueio continental e da expansão das forças napoleônicas através da Europa central e da península ibérica. Em contraste com o sucesso das forças terrestres francesas, o domínio britânico dos mares, particularmente após a Batalha de Trafalgar (1805), criou novos embaraços nas relações com os Estados Unidos, uma vez que os britânicos não admitiam afrouxar o embargo contra os franceses.

A GUERRA DE 1812

A continuação dos ataques britânicos ao comércio norte-americano coincidiu com a emergência de uma nova geração de políticos de caráter mais belicista. Eles pressionaram a presidência a tomar medidas mais agressivas para lidar com as contínuas humilhações impostas pelos ingleses. Pressionado a agir, Madison obteve do Congresso uma declaração de guerra. Àquela altura, tanto a liderança quanto a opinião pública estavam cansadas dos constantes embaraços causados pelos britânicos. Mas essa segunda guerra contra a Inglaterra se mostraria um evento mais divisivo, já que o conflito era apoiado principalmente pelas regiões Sul e Sudoeste, enquanto a Nova Inglaterra opunha-se às hostilidades.

A guerra foi travada em três frentes: Canadá, Virgínia e Nova Orleans. Desde o princípio, o conflito foi impopular e as forças militares dos Estados Unidos mostraram-se incapazes de anexar o Canadá. Deve-se levar em conta que a Inglaterra ainda estava envolvida nas guerras contra Napoleão, não podendo mobilizar forças mais efetivas contra os americanos. Mesmo assim, forças britânicas tomaram Washington, queimando vários prédios públicos, que incluíam o Capitólio e a residência presidencial (o termo "*White House*" só seria oficialmente adotado pelo presidente Theodore Roosevelt em 1901). Forças inglesas sofreram uma derrota mais pronunciada na Batalha de Nova Orleans, quando tropas lideradas pelo general Andrew Jackson repeliram um ataque frontal. Por essa época, sem que os combatentes soubessem, um tratado de paz já havia sido assinado pondo fim ao conflito. O saldo internacional do conflito foi frustrante, pois os americanos não obtiveram concessões dos ingleses que justificassem os sacrifícios.

A Guerra de 1812, erroneamente chamada Segunda Guerra de Independência, foi um conflito de pequenas dimensões que ocorreu quase que simultaneamente ao último ciclo de guerras europeias. Ela foi impopular nos EUA, levando os estados da Nova Inglaterra a ameaçar uma secessão. Ao final do conflito, tanto os Estados Unidos quanto a Inglaterra estavam exaustos. Pelos próximos dez anos, uma geração de políticos nacionalistas revigoraria o papel do governo federal na política nacional. A paz de 1815 marca o crescente distanciamento dos Estados Unidos em relação à política europeia, visto que as preocupações da política externa daquele país voltar-se-iam para o desenvolvimento econômico interno e a expansão territorial. Apenas durante a Primeira Guerra Mundial, mais de cem anos depois, os Estados Unidos tornariam a interagir de forma mais intensa com a política europeia.

A DOUTRINA MONROE

Após o final da guerra contra os ingleses, tem início o afastamento dos Estados Unidos da política europeia. Um novo presidente, o também virginiano James Monroe, tomou posse em 1817 como quinto mandatário dos Estados Unidos. Por aquela época, nove estados da fronteira haviam sido incorporados no período entre 1791 e 1819. Monroe foi o último dos pais fundadores a governar a república. Antes da guerra contra a Inglaterra, os Estados Unidos evitaram apoiar os movimentos de independência na América Latina, para grande desapontamento de líderes como Simón Bolívar e José de San Martín, que esperavam uma postura diferente dos republicanos ao Norte. Em 1818, uma proposta para o reconhecimento das independências da Colômbia, Chile e Argentina foi apresentada ao Congresso, mas o presidente Monroe não deu prosseguimento à solicitação. Monroe receava que esse apoio interferisse nos esforços para um acordo com a Espanha sobre a Flórida, cuja compra estava sendo negociada naquele momento.

A despeito da moderação demonstrada em relação às independências, a diplomacia norte-americana preocupava-se com possíveis tentativas de Portugal e Espanha de recolonizar suas ex-colônias e com o possível apoio da Santa Aliança, o pacto conservador europeu pós-napoleônico de apoio a essas iniciativas. O secretário de Estado John Quincy Adams opunha-se a essa possibilidade. Filho do ex-presidente federalista, Adams havia se articulado ao campo jeffersoniano alguns anos antes, como parte do êxodo do partido federalista. Ele também compartilhava o espírito do novo nacionalismo, muito presente após a guerra de 1812. Adams demandava uma ação independente, baseada em dois princípios: a separação entre o Velho e o Novo Mundo; e o domínio pelos Estados Unidos do que definiam como "o hemisfério ocidental", abarcando todo o continente americano não inglês, do Oregon até a Patagônia.

Em resposta às proposições de Adams, o presidente James Monroe assumiu a necessidade de que os Estados Unidos fizessem uma declaração oficial. Em sua mensagem anual ao Congresso de 1823, ele delineou uma nova política para a América Latina que passaria para a História como a Doutrina Monroe. Nela, o presidente afirmou quatro princípios básicos: 1) o continente americano estaria fechado para tentativas de recolonização europeias; 2) os sistemas políticos das Américas seriam separados dos europeus; 3) os Estados Unidos considerariam quaisquer tentativas de extensão da influência europeia no hemisfério ocidental como ameaças a sua paz e segurança; 4) os Estados Unidos nunca interfeririam nas colônias ainda existentes no Novo Mundo, nem se intrometeriam nos assuntos internos dos Estados europeus.

Na verdade, a doutrina, apresentada durante o discurso anual "State of the Union", constituía pouco mais que uma anêmica declaração de princípios. Os Estados Unidos não possuíam forças armadas capazes de efetivamente dissuadir as potências europeias e foram por isso mesmo ignorados. De sua parte, as lideranças revolucionárias latino-americanas ressentiam-se de falta de apoio norte-americano durante os momentos cruciais das suas respectivas guerras de independência. O próprio Simón Bolívar convocaria um congresso pan-americano no Panamá, em 1826, parcialmente para responder à Doutrina Monroe, já antevendo o papel interventivo que os Estados Unidos desempenhariam no continente e que se tornaria efetivo a partir do final do século XIX. Só a partir da última década do século XIX o papel dos Estados Unidos na região começaria a mudar, principalmente a partir da guerra contra a Espanha em 1898. A partir de então, a influência dos Estados Unidos, especialmente na América Central e no Caribe, se constituiria num elemento importante dos cálculos políticos.

A década de 1820 marca o final da experiência do primeiro presidencialismo norte-americano. James Monroe foi o último presidente que fazia parte do grupo de pais fundadores. Ele também era membro da então chamada "dinastia da Virgínia", que incluía George Washington, Thomas Jefferson e James Madison. Durante seu governo, assistiu-se ao ápice do nacionalismo, com debates que envolviam propostas de um deputado do Kentucky, Henry Clay, relativas ao que ele denominava como o Sistema Americano, ou seja, uma tentativa de reforçar os laços econômicos entre as regiões através de impostos e obras públicas que fortaleceriam o mercado interno.

O nacionalismo havia sido um dos principais fermentos para a própria guerra contra os ingleses. Quando a guerra acabou, em 1815, os industriais ingleses inundaram os Estados Unidos com manufaturas.

Esse procedimento colocou em risco as indústrias nascentes, que tinham proliferado e se desenvolvido durante a guerra. Um congresso nacionalista aprovou a primeira tarifa protetora na história da indústria americana em 1816. Os impostos taxavam os produtos estrangeiros, basicamente ingleses, em 20% a 25% do valor. Trata-se de uma ferramenta de assistência poderosa, que estimulou o desenvolvimento industrial, incitando os apetites daqueles beneficiados por mais proteção, que passaram a constituir *lobbies* no Congresso a favor da proteção governamental às suas atividades.

A industrialização dos Estados Unidos foi protegida no berço, através da ação de políticos de orientação nacionalista que temiam os efeitos de uma competição desigual com os produtos ingleses. Ao longo da década de 1820, o nacionalismo foi ainda mais impulsionado pelo plano de Henry Clay no sentido do desenvolvimento de um mercado doméstico lucrativo que pudesse interligar as regiões através da economia. Ele projetou um esquema bastante elaborado que ficaria conhecido como "Sistema Americano", que contava com três partes principais: um forte sistema bancário, capaz de prover crédito abundante; uma tarifa protetora mais forte, que possibilitasse o desenvolvimento da indústria; os lucros provenientes dos impostos liberariam os recursos para o terceiro componente do sistema: uma rede de estradas e canais, especialmente na região do vale do Ohio. Através dessas artérias de transporte fluiriam grãos e minérios do Sul e do Oeste em direção ao Norte e ao Leste. Em retorno, os bens manufaturados fluiriam do Norte e do Leste para as regiões produtoras de matéria-prima. O seccionalismo escravista seria combatido pela integração nacional e pelo desenvolvimento econômico, assim esperava Clay.

A despeito dos esforços de diferentes congressistas em favor do Sistema Americano, emendas nessa direção foram repetidamente vetadas pelo presidente Monroe que entendeu serem essas práticas anticonstitucionais, deixando sob a responsabilidade dos estados as tarefas relacionadas às melhorias internas. Os escrúpulos constitucionais dos seguidores de Jefferson ainda eram muito influentes na política interna. Dessa forma, coube aos estados mais ricos, como Nova York, iniciativas no sentido de apoiar projetos infraestruturais como o canal do Erie, cuja inauguração ocorreu em 1825. Os republicanos jeffersonianos que já haviam criticado as iniciativas hamiltonianas novamente retardaram a possibilidade de suporte federal para a construção de melhorias interestaduais. Na Nova

Inglaterra, a obstrução foi particularmente forte, devido ao temor das elites locais de que obras de construção pudessem drenar população, criando estados competidores além dos montes Apalaches.

EXPANSIONISMO E ESCRAVISMO

Originalmente, as duas maiores regiões dos EUA, o Norte e o Sul, mantiveram-se próximas da igualdade no que se refere ao tamanho das suas populações, das suas bancadas políticas e dos lucros com exportações. Essas circunstâncias, somadas ao elevado crescimento econômico, deram suporte ao estabelecimento de uma série de compromissos políticos eficazes, cuja tratativa básica implicava a manutenção de um acordo entre os estados livres e os escravistas. Esses compromissos foram fortalecidos ainda durante os debates constitucionais pela formulação de dois corpos de legislação: as Ordenanças do Noroeste e a cláusula dos Três Quintos. O primeiro acordo baniu a escravidão dos territórios situados a noroeste do rio Ohio. Em seguida, os representantes do Norte e do Sul enfrentaram a questão da representação dos estados no Congresso. Havia diferenças no que se referia à maneira como os escravos seriam contados para fins eleitorais. Prevaleceu o acordo segundo o qual ambos os grupos concordavam que para fins eleitorais um escravo seria igual a três quintos de um homem livre.

Um segundo ponto de consenso era o de que o governo federal não deveria interferir nas questões internas dos estados, a não ser para proteger os interesses dos escravocratas. Inicialmente, essa concepção respondeu ao receio que o crescimento do movimento federalista inspirou em muitos norte-americanos. A possibilidade de uma organização federal em expansão amedrontava lideranças políticas em ambas as regiões, porque ela se opunha aos impulsos centrífugos norte-americanos. Assim, o credo dos direitos dos estados dos antifederalistas insistia no direito de cada estado de governar seus próprios interesses. O problema dessa concepção estava no fato de que esse padrão de comportamento não respondia somente à vontade popular, mas a uma noção abstrata de autonomia local, isto é, cada estado como um corpo soberano, decidindo seus próprios assuntos. Na Nova Inglaterra essa solução gerou um nível elevado de autogoverno e também conduziu certas regiões do Sul para uma postura mais conservadora no que concernia às interpretações da Constituição, sugerindo uma visão de mundo acentuadamente descentralizadora quanto ao papel do

Estado nacional limitar a expansão de qualquer instituição não nacionalizada. Assim sendo, a doutrina dos direitos dos estados, originariamente concebida para salvaguardar as liberdades domésticas, transformou-se num argumento funcional para os interesses dos escravocratas: ao impedir a interferência do governo federal contra a escravidão, ela perpetuava a proeminência dos escravistas nas áreas sob seu controle.

Até os anos 1820, a escravidão não era considerada uma questão central no debate político norte-americano. Tampouco os ataques à escravidão eram percebidos como uma cruzada contra o Sul. Muitos líderes nortistas, que eram em princípio contrários à escravidão, assumiam que a emancipação seria gradual e não deveria causar alterações na sociedade e na economia, postergando uma ação mais efetiva contra a instituição. Muitos desses líderes acreditavam mesmo que através de iniciativas individuais e filantrópicas de manumissão e colonização seria possível erradicar a escravidão nos Estados Unidos num prazo relativamente curto.

Aos negros restaria o retorno à África, possibilidade fortalecida pela criação da Sociedade Colonizadora Americana, em 1816. Essa organização surgiu dos esforços do pastor Robert Finley e de políticos de expressão a ele relacionados, incluindo o futuro secretário de Estado Henry Clay, que chegaria a presidência da organização anos mais tarde. Ela levou à invenção da colônia da Libéria, um enclave criado no noroeste africano durante o governo do presidente James Monroe, com o objetivo de receber ex-escravos e negros livres. A Libéria tornar-se-ia uma república independente em 1842, mas nunca conseguiu se constituir como uma opção efetiva para o projeto de colonização de alguns abolicionistas. Sua criação foi constantemente criticada pelas lideranças negras e por setores abolicionistas não comprometidos com a deportação dos libertos (ver quadro a seguir).

A despeito do fracasso da aventura liberiana, o pensamento emigracionista persistiu, com pequenas mudanças de destino, tornando-se a opção mais comum da maioria das forças políticas que resistiram à expansão da escravidão para o Oeste americano. O Haiti, o Panamá, a Nicarágua, a Amazônia brasileira e o próprio Texas foram aventados como possíveis destinos para os negros livres. Os indivíduos que se opunham à escravidão por princípio tendiam, como o próprio Jefferson, a guardar sérias dúvidas de que o preconceito racial prevalecente em todos os estados da federação pudesse um dia ser superado.

A SOCIEDADE COLONIZADORA
E A CRIAÇÃO DA REPÚBLICA DA LIBÉRIA

Em 1817, foi criada a Sociedade Colonizadora da América. Era integrada por religiosos do Norte, especialmente quakers e alguns escravocratas do Sul setentrional. Entre os nortistas, predominava o desejo de deportar os cerca de 250 mil negros livres que viviam na região. Para esses indivíduos, os Estados Unidos deveriam ser um país habitado apenas por brancos. Entre os sulistas, prevalecia o desejo de uma abolição indenizada, através da qual os senhores voluntariamente libertariam seus cativos mediante pagamento. Os partidários da "colonização" viam a África como o principal destino para os negros deportados. Logo, a colônia da Libéria, que já era um posto avançado da influência americana na região, se tornaria o principal destino escolhido. Não mais de 1.500 negros livres e escravos foram deportados para a região, comprovando a impraticabilidade das metas propostas.

Por sua vez, os sulistas viam a escravidão como um mal necessário, uma herança infeliz do período colonial. Mas os escravos eram uma forma de propriedade e o direito de possuí-los era garantido pela maneira peculiar como os sulistas interpretavam a Constituição. A mesma Constituição que havia estipulado o fim do tráfico internacional de escravos para 1807. Uma medida que afinal não surtiu o efeito desejado pelos abolicionistas.

A vitória na Guerra de Independência e o fim do tráfico atlântico, 20 anos depois da ratificação da Constituição, levaram muitos no Norte a acreditar que a escravidão seria abolida gradativamente. Para reforçar essa suposição existiam evidências estatísticas, tais como a abolição gradual nos estados do Norte, além das iniciativas individuais de manumissão nos estados do Sul setentrional. Mas a experiência norte-americana diferiu da de outras sociedades escravistas nas Américas basicamente por conta do crescimento natural da população escrava e sua progressiva concentração no Sul e no Sudoeste daquele país. A população escrava passou de 697.897 em 1770 para 3.953.760 em 1860, um crescimento de aproximadamente 467% em 90 anos (ver tabela a seguir). A população escrava norte-americana não apenas superou como também excedeu fortemente a taxa de crescimento das populações escravas em outras partes do continente, levando o Sul a uma posição proeminente como principal usuário do trabalho escravo no Novo Mundo, em razão das altas taxas de crescimento natural.

Crescimento da população escrava nos EUA, 1790-1860

1790	697.897
1800	893.041
1810	1.191.354
1820	1.538.125
1830	2.009.043
1840	2.487.455
1850	3.204.313
1860	3.953.760

Fonte: BERLIN, Ira. *Slaves Without Masters*, Nova York: Pantheon Books, 1979, pp. 396-7.

A crise do Missouri (1819-1821) forneceu o primeiro confronto mais grave entre os dois grandes blocos de interesse regional desde o final dos debates constitucionais. Em 1819, o território do Missouri solicitou a admissão à União como estado escravista. Esse pedido e, principalmente, a maneira arrogante como os sulistas defenderam a escravidão, chocaram a opinião pública do Norte, porque mostrou até que ponto poderia ir a defesa sulista no que se refere ao direito de estender a escravidão para o Oeste. A radicalização dos representantes do Sul mostrou que tinham deixado de considerar a escravidão um "mal necessário" para tratá-la como um "bem positivo", uma forma de propriedade como qualquer outra. Pela primeira vez, as linhas partidárias foram abaladas por interesses regionais, ameaçando a manutenção da unidade nacional.

Uma barganha conciliatória conhecida como o Compromisso do Missouri admitiu aquele estado como escravista enquanto, no futuro, a escravidão continuaria sendo proibida nos territórios comprados à França, desde que estivessem situados no paralelo 36'30. Para manter o equilíbrio, o território do Maine foi desmembrado do estado de Massachusetts e também admitido como estado livre. O Compromisso do Missouri assegurou que o equilíbrio de poder entre os representantes dos estados livres e escravistas seria mantido no Senado. Mas, sobretudo, a partir de então ficou claro que a escravidão não era uma instituição arcaica, condenada a perecer sob a ação das forças do mercado. Pelo contrário, tratava-se de uma força poderosa, com potencial para expansão territorial e política, pois os representantes do escravismo no Congresso se organizariam num poderoso *lobby* contra a imposição de novos limites aos seus interesses. Daí por diante, um número cada vez maior de porta-vozes concluiriam que os direitos do Sul eram equivalentes à defesa da escravidão, cooptando a maioria branca nas suas ameaças separatistas.

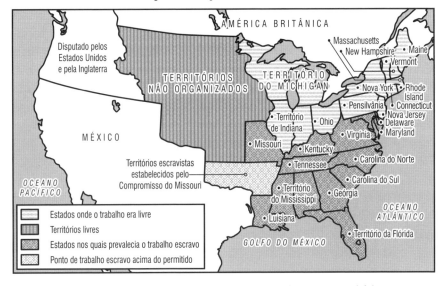

Mapa 3 – Compromisso do Missouri

O polêmico Compromisso do Missouri permitiu que um território localizado acima da linha das Ordenanças do Noroeste fosse admitido como estado escravista, abrindo o precedente para uma forte disputa seccional nas décadas seguintes.

Apesar da disposição para compromissos e da forte dependência econômica que unia os interesses comerciais e industriais à *plantation* escravista, o desenvolvimento acelerado do Norte nas primeiras décadas do século XIX levou à diversificação econômica e ao redirecionamento do fluxo migratório, num nível que não podia ser alcançado pelos estados do Sul. Aos poucos, ampliou-se a diferença entre o Norte industrial e "*free labor*" e o Sul agrário. Essa diferença era muito evidente no que se refere à produção de tecnologia. Noventa e três por cento das 143 invenções mais importantes patenteadas nos EUA durante o período entre 1790 e 1860 vinham dos estados do Norte, com uma forte preponderância da Nova Inglaterra, que respondia por quase a metade dessa proporção.

Durante os anos 1820, a expansão da economia de mercado acirraria as divergências regionais. Enquanto o Norte movia-se rapidamente na direção de um capitalismo comercial, o Sul, leal à inspiração jeffersoniana, manteve-se fortemente rural e agrícola. Essa assimetria não seria suficiente para colocar o Sul numa posição subalterna no contexto da nação. A política foi o canal através do qual os líderes sulistas contrabalançaram as inferioridades estruturais da sua região. Esses políticos foram capazes de colonizar muitas posições governamentais, impondo a defesa dos interesses sulistas às necessidades das bancadas do Norte. Dessa forma, o Sul escravista ao mesmo tempo controlava o Estado americano e tornava-se o mais sério adversário da sua expansão nos anos que antecederam a Guerra Civil. O controle dessas posições se beneficiaria da ideologia política professada pelo Partido Democrata, uma agremiação que se desenvolveria ao longo daquela década e que propunha um forte compromisso ao igualitarismo entre os brancos enquanto ignorava a existência da escravidão.

Expansionismo, democracia e secessão

A política norte-americana pós-1815 foi marcada por intensas transformações econômicas e demográficas associadas à expansão territorial. Uma nova forma de liderança emergiu a partir das condições proporcionadas pela ocupação do Oeste. Ela era personificada pela figura de Andrew Jackson, um herói da Guerra de 1812 e um admirador dos ideais pastorais de Thomas Jefferson. O apelo eleitoral de Jackson voltava-se para os valores e aspirações de um espectro amplo de grupos sociais de todas as regiões, mas a caracterização de homem da fronteira era central à sua imagem, pois apelava principalmente aos valores do homem comum.

Com Jackson surgia uma nova geração de líderes cujas carreiras estariam ligadas ao funcionamento de máquinas políticas. Eles beneficiavam-se da ampliação do sufrágio eleitoral masculino, cuja expansão ocorrera a partir de meados da década de 1810. Mulheres, índios e negros continuaram excluídos, mas os homens brancos afluíram às urnas em números sem precedente. Em estados como New Hampshire, Illinois e Alabama, os requerimentos censitários para a eleição de governador caíram até 1820. Outros estados retirariam as restrições ao longo da década seguinte, conformando a grande virada democrática que transformaria os Estados Unidos na primeira democracia de massas.

Por volta de 1830, o político padrão transformava-se num especialista, em oposição aos estadistas, comerciantes e latifundiários que dominaram a carreira no período anterior. As novas organizações partidárias dependeriam do trabalho de profissionais forjados nas técnicas de mobilização de massas, motivados por um grande interesse na eficiência de suas organizações. Tratava-se de homens como Martin Van Buren e seus pares na Regência de Albany, em Nova York, e Lewis Cass, de Ohio, cujo *status* relacionava-se ao trabalho como chefes de máquinas políticas e uma lealdade férrea às suas organizações partidárias. Esses "caciques" aceitavam a legitimidade da atividade partidária, aperfeiçoando suas habilidades nas técnicas da propaganda eleitoral, do mapeamento dos eleitores e do conhecimento das realidades de vilas e distritos. O surgimento desse tipo de político ligava-se ao desenvolvimento das crenças democráticas, afirmadas pelo envolvimento crescente de artesãos e fazendeiros na demanda por participação política.

O FIM DE UMA ERA

Até 1824, o exercício da atividade política constituía um assunto restrito às elites sociais e econômicas. Por volta de 1840, muito havia mudado; um grande número de norte-americanos entendia que a participação política tornara-se uma via importante para a promoção de valores fundamentais, além de constituir um canal de afirmação da sua visão sobre a República. Novos partidos políticos emergiriam. Estilos de campanha mais modernos tomaram forma, com os candidatos usando cada vez mais comícios, cartazes e convenções para obter o voto. Apenas um em cada oito eleitores potenciais depositaram seu voto na eleição de 1824. Essa proporção dobrou em 1828, chegando a 78% do total na eleição de 1840. Um novo capítulo na história da política americana se iniciava.

A campanha de 1824 marca o início de uma mudança que levaria ao colapso do primeiro sistema partidário no qual despontavam os federalistas e os antifederalistas (ver quadro). A eleição teve quatro candidatos. Os principais concorrentes foram John Quincy Adams e Andrew Jackson. Adams foi o último representante da assim chamada "oligarquia de talento" a assumir o posto. Filho do segundo presidente dos EUA, Adams teve a oportunidade de servir em vários cargos diplomáticos na Europa, adquirindo experiência administrativa e conhecimento do mundo que ajudariam no seu trânsito em Washington. O outro candidato importante era Andrew Jackson, possivelmente o candidato com o apelo pessoal mais forte na campanha. Jackson também ficou famoso por suas expedições militares que levaram ao massacre e à remoção de tribos indígenas, empreitadas que eram populares entre os brancos por abrir território para a colonização do Oeste e a incorporação da Flórida, finalmente comprada à Espanha em 1819. Jackson obteve a maioria do voto popular, mas foi incapaz de conseguir uma vantagem significativa no Colégio Eleitoral. Pela primeira vez desde a eleição de 1800 houve competição real pela presidência. E pela segunda vez, ela teve que ser decidida pela Câmara dos Deputados.

ELEIÇÕES PRESIDENCIAIS

Os redatores da Constituição queriam que o novo governo fosse baseado na soberania popular. Entretanto, eles se opunham, unanimemente, a qualquer coisa que parecesse um sistema majoritário puro, o qual eles temiam que deteriorasse inevitavelmente em tirania quando algum demagogo fosse eleito. Por isso, introduziram "anteparos" entre os eleitores e a presidência: (1) cada legislatura estadual escolheria os eleitores – homens sábios, educados e ricos – com o número de eleitores sendo igual à soma dos deputados e senadores de cada estado. (2) Cada membro do Colégio Eleitoral depositaria dois votos para pessoas que, eles pensavam, poderiam ser o melhor presidente. (3) Se o indivíduo que recebesse mais votos ganhasse a maioria absoluta no Colégio Eleitoral, ele se tornaria presidente. A pessoa que ficasse em segundo lugar se tornaria vice-presidente. (4) Caso ninguém obtivesse a maioria dos votos, a eleição teria que ser decidida pela Câmara dos Deputados, onde cada estado (não cada representante) teria apenas um voto. Nesse caso, os três primeiros colocados no Colégio Eleitoral seriam elegíveis para essa espécie de segundo turno. Alguns membros da Convenção Constitucional previram que isso aconteceria frequentemente.

Algumas fases no caminho:

Nas primeiras duas eleições, houve um acordo unânime de que George Washington deveria ser o presidente. Mas em 1796, a classe política estava dividida entre os federalistas, que apoiavam John Adams, e os democrático-republicanos, que apoiavam Thomas Jefferson (esses partidos eram organizações muito tênues se tomados pelos padrões atuais). Adams obteve a maioria dos votos e Jefferson ficou em segundo. Assim, o presidente e o vice-presidente vieram de partidos diferentes.

Em 1800, os partidos estavam mais bem organizados e os eleitores foram escolhidos com base nas suas preferências por Jefferson ou Adams. Os eleitores perceberam que eles precisavam depositar seus dois votos em candidatos de um mesmo partido para prevenir que o outro partido escolhesse o vice-presidente. Mas os democratas-republicanos se enrolaram quando todos os seus eleitores votaram em Jefferson (para presidente) e Aaron Burr (para vice-presidente). Assim, Jefferson e Burr empataram no Colégio Eleitoral e a eleição foi decidida pela Câmara dos Deputados. Lá os federalistas majoritariamente apoiaram Burr contra Jefferson, mas Jefferson acabou vencendo com o apoio de desafetos de Burr, liderados por Alexander Hamilton, que via em Jefferson um mal menor. Depois dessa confusão, a Constituição foi emendada de forma que os eleitores votassem separadamente para presidente e vice-presidente.

Em 1824, havia quatro candidatos mais fortes. Andrew Jackson recebeu a maioria do voto popular (cerca de 40%), mas na maior parte dos estados, as legislaturas (não a população) ainda escolhiam os eleitores. Ninguém obteve uma maioria no Colégio Eleitoral, e então, pela segunda vez, a eleição foi para a Câmara dos Deputados, que escolheu Adams.

Em 1828, quase todos os estados já escolheram seus eleitores através do voto popular e os apoiadores de Jackson estavam muito bem organizados no movimento que se transformaria no Partido Democrata. Levaria mais uma década para que os whigs se organizassem efetivamente na oposição. Por volta de 1840 (a primeira vitória presidencial Whig), ambos, democratas e whigs estavam efetivamente mobilizando os eleitores. Assim, quando alguém votava num eleitor, essa pessoa sabia que o eleitor estava obrigado a apoiar o candidato do seu partido.

Uma vez que na maioria dos estados o candidato vencedor fica com a totalidade dos delegados (seja a diferença por um ou por milhares de votos) – e uma vez que o sistema é enviesado para os estados menores (cada um dos quais têm dois senadores), é possível que o candidato com a maioria do voto popular perca no Colégio – razão pela qual os republicanos elegeram George Bush em 2000 e Donald Trump em 2016, mesmo levando em consideração que Al Gore e Hilary Clinton venceram no voto popular. Além disso, ainda é possível para um eleitor que concorre por uma chapa partidária decidir votar por um candidato diferente daquele apresentado por seu partido – o que acontece ocasionalmente. Assim, no que diz respeito à eleição dos seus presidentes, os Estados Unidos não foram fundados sob a regra da maioria, e seguem fora dela até hoje.

Em janeiro de 1825, a Câmara se reuniu para decidir quem seria o presidente. Sob a influência de um adversário de Jackson, Henry Clay, Adams foi eleito. Alguns dias depois, o vencedor anunciou que Clay seria o seu secretário de Estado, a segunda posição mais importante na hierarquia. Durante os quatro anos seguintes, Jackson acusaria Clay de corrupção, ainda que esse tipo de barganha fosse considerado normal na época. Mas as reclamações envolvendo a eleição de Adams indicavam que havia novos ventos soprando na política. O que até então tinha sido considerado prática comum era agora condenada como uma barganha elitista e subversiva à democracia. O próximo presidente não seria escolhido a portas fechadas.

A ORGANIZAÇÃO DO PARTIDO DEMOCRATA

A campanha eleitoral para as eleições de 1828 começou cedo. Os adeptos de Jackson repetiam as acusações sobre a natureza corrompida das eleições anteriores. Os seguidores de Jackson o apresentavam como um homem rude da fronteira e um defensor do homem comum, disposto a seguir a vontade da maioria. Eles denunciavam Adams como um aristocrata corrupto, assegurando que a vontade popular fora desrespeitada em 1825 por causa das manobras políticas. A campanha chegou mesmo a apelar para baixarias com folhetos e jornais partidários questionando a moralidade de cada um dos candidatos.

Muitos desses argumentos não passavam de exageros. Jackson não era um pequeno proprietário da fronteira, mas um fazendeiro rico. Apesar de ter nascido numa cabana, ele vivia numa mansão luxuosa, sustentado pelo trabalho dos seus escravos. E Adams, ainda que muito próximo do que seria um aristocrata, não era propriamente corrupto, vindo a desempenhar um papel importante na luta contra a expansão da escravidão depois que deixou a presidência. Mas o governo de Adams foi minoritário no Congresso, situação que dificultou a passagem de vários de seus projetos. Apesar de interessado na modernização econômica da República, Adams estava em dissintonia com os ventos da mudança e não entendeu o realinhamento partidário ocorrido durante o seu mandato.

A administração confusa de Adams revelou o conflito de perspectivas na política americana. Suas propostas favoráveis a um conjunto de construções de estradas e canais, uniformização dos pesos e medidas (os americanos até hoje evitam o sistema métrico), criação de uma universidade nacional e promoção do comércio e indústria, além do apoio do governo à ciência e às artes refletiam uma agenda nacionalista que rapidamente caducou, vítima de conflitos regionais, faccionalismo político e do desprezo presidencial pelo crescente caráter democrático da sociedade. Adams também mostrou dificuldade para fortalecer sua presidência através da distribuição de cargos públicos, atitude que desagradou seus apoiadores, cada vez mais isolados no debate político, incapazes de oferecer alternativas ao eleitorado emergente.

A eleição de 1828 mostrou Jackson defendendo a purificação da política americana. Muitos americanos influenciados pelo tom moralizante do candidato acreditaram na retórica da campanha. Mas Jackson pessoalmente não era um democrata; nem o período que ele acabou por simbolizar envolveu qualquer distribuição de renda significativa. Além de possuir escravos e defender a escravidão, Jackson detestava os índios, promovendo remoções em desrespeito a tratados referendados mesmo pela Suprema Corte (ver quadro). Mas a vida política da nação havia mudado substancialmente e as propostas de Adams e de seus seguidores não atraíram o eleitorado.

REMOÇÃO DOS CHEROKEES

O governo dos Estados Unidos relacionava-se com as tribos indígenas como se fossem nações estrangeiras. Os tratados com essas "nações" normalmente visavam à remoção desses grupos étnicos de suas terras ancentrais, abertas para a ocupação por colonos. Algumas dessas tribos buscaram adaptar-se às normas da sociedade branca, assimilando vários de seus aspectos, como a adoção da propriedade privada, a ratificação de uma Constituição e mesmo a legalização da escravidão negra. Choctaws, Chickasaws, Creeks, Seminoles e Cherokee foram algumas das etnias que tentaram preservar sua posição adotando os costumes dos colonizadores. Os Cherokees, que habitavam territórios atualmente pertencentes aos estados da Geórgia e do Tennessee, foram os que realizaram o ajuste mais profundo. Isso não evitou que durante a década de 1820 sua posição fosse ameaçada pelo enorme influxo de imigrantes. Os conflitos sobre a posse das terras levaram as lideranças Cherokees a apelarem para as cortes estaduais. Como esse apelo foi derrotado, o caso foi levado à Suprema Corte, onde os Cherokees tiveram seus direitos de propriedade reconhecidos. Com a ascensão de Andrew Jackson, a situação se deteriorou. Jackson não tinha simpatia pelos índios e não acreditava na possibilidade de coexistência pacífica com os brancos. Ao longo da década de 1830, especialmente em 1838, o governo federal desrespeitou a decisão da Suprema Corte e impôs tratados que levaram à remoção sistemática dos Cherokees para terras no Oeste.

> Essa remoção foi feita sob coerção militar, com tropas do exército e das milícias estaduais ameaçando àqueles que ousassem resistir e obrigando os nativos a partir em levas. A mais famosa dessas levas ficou conhecida como Trilha das Lágrimas, quando cerca de 60 mil índios foram deportados e tiveram que caminhar para as terras designadas. Estima-se que 4 mil dos que partiram não chegaram ao destino. A política de remoção e realocação forçada dos índios, executada pelo exército dos Estados Unidos e por forças milicianas estaduais durante boa parte do século XIX, antecipa alguns aspectos trágicos dos processos de limpeza étnica postos em prática durante o século XX.

O antigo sistema político, baseado em coalizões da elite cimentadas por laços de família e amizade e dependente da deferência dos eleitores àqueles considerados socialmente superiores, desapareceu. No seu lugar, emergiu um sistema partidário competitivo, baseado em ampla participação dos eleitores. Organizações partidárias baseadas na mobilização de um grande número de eleitores tornaram-se chaves para a vitória de Andrew Jackson na eleição de 1828. E manteriam sua importância dali por diante até os dias atuais, ainda que o Colégio Eleitoral se mantivesse.

A eleição de Jackson e o nascimento do Partido Democrata que ele liderou sinalizaram para grandes mudanças nas práticas políticas, que apontavam para a construção de um novo sistema partidário. Os dois partidos emergindo dessa situação se moveriam sobre temas trazidos pela presidência de Jackson: a luta contra o Banco dos Estados Unidos (ver quadro a seguir), a ocupação do território mexicano, a defesa da regra da maioria, a controvérsia sobre os subsídios à indústria e a luta contra a aristocracia do dinheiro.

As políticas executadas por Jackson tornaram a presidência norte-americana menos patriarcal, dando andamento ao processo de expansão do voto, em curso desde o início do século. Com Jackson no poder, a franquia não foi apenas estendida aos estados ainda relutantes, como modificações na operação do sistema foram introduzidas. No que se refere ao processo de escolha dos candidatos majoritários, destacou-se a substituição do sistema tradicional de indicação e escolha através da reunião do *cáucus* de notáveis (*king caucus*), que aclamavam o candidato pela instituição da convenção partidária a partir do voto de delegados escolhidos pelos eleitores.

A GUERRA DE JACKSON CONTRA
O BANCO DOS ESTADOS UNIDOS

No plano econômico, Jackson encerrou as operações do Banco dos Estados Unidos. O banco era o principal depósito de ouro e de prata do país, assim como dos fundos do governo norte-americano. O banco também exercia funções ligadas ao apoio federal à realização de obras públicas, muito caras aos federalistas e seus sucessores. Mas Jackson via aquela instituição principalmente como um monopólio da aristocracia do dinheiro. Seu veto à renovação da carta do banco repousava em credos igualitários que julgavam a existência da instituição inconstitucional. Dessa forma, ele chamou para si a responsabilidade pela redistribuição das funções do banco através de uma série de instituições estaduais nos anos seguintes, com sérias consequências para a estabilidade da moeda. O efeito não antecipado dessa medida é que o governo federal perdeu o controle sobre a capacidade emissora das instituições estaduais. A falta de coordenação levou ao pânico financeiro de 1837, que contribuiu para o sucesso dos whigs na eleição de 1840. Foi principalmente devido ao fechamento do Banco que a oposição aos democratas se aglutinou no Partido Whig.

Fonte: WILENTZ, Sean. *Andrew Jackson. New York Times Books*. 2005, p.74-88; 104-20. Tradução nossa.

O Partido Democrata foi a força política hegemônica do período que precedeu a Guerra Civil. Os democratas apoiaram a rápida incorporação dos imigrantes ao universo dos votantes, vindo a controlar a cidade de Nova York e outros importantes portos de entrada. Sua base de apoio provinha de uma reunião heterogênea de grupos, tais como os trabalhadores urbanos, imigrantes e fazendeiros de quase todas as regiões e classes. A filosofia política do Partido Democrata era fortemente influenciada pela tradição do *laissez-faire*, ou seja: pela defesa do livre comércio com o mínimo de intervenção estatal. Seus líderes desconfiavam da interferência governamental até mesmo no que se refere à construção de obras públicas e outras melhorias, por trás das quais enxergavam a sombra do antigo Partido Federalista.

A filosofia política democrata foi um elemento importante para a construção da democracia de massas nos Estados Unidos, mas também constituiu uma herança da qual o escravo estava excluído. Assim, fiel à tradição jeffersoniana, essa mesma filosofia ignorava a existência da escravidão no Sul como um problema relevante da agenda política. Os escravos passavam despercebidos pela retórica democrata sobre os valores da produção rural nas *plantations* do Sul, enquanto as grandes questões envolvendo a escravidão eram deliberadamente ignoradas pelos representantes democratas nas sessões do Congresso.

A oposição a Jackson e sua "usurpação executiva" cimentou a formação de uma nova agremiação política. O Partido Whig, a segunda força do sistema político jacksoniano, representava aqueles ramos dos fazendeiros do Norte e do Sul que se encontravam alinhados à defesa dos melhoramentos internos e um papel mais ativo do governo federal. No Norte, isso implicava principalmente a defesa de tarifas protecionistas, enquanto no Sul essa postura passava pelo apoio federal à colonização do Oeste, inclusive no que se refere a uma maior presença do exército na região. Ainda que se considerassem conservadores, eles eram progressistas no apoio a um governo federal ativo em termos de execução de programas e reformas.

Além das tarifas, os whigs do Norte eram favoráveis à existência de um banco nacional como forma de dinamizar a economia e protegê-la contra os ciclos periódicos de crise. No Sul, eram whigs os fazendeiros com pretensões mais aristocráticas ou aqueles que simplesmente possuíam divergências pessoais com as lideranças democratas de suas localidades. No seu auge, entre 1837-1854, os whigs se apresentaram como uma clara alternativa à visão negativa que os democratas possuíam do governo federal, advogando um papel ativo para o Estado no que se refere ao desenvolvimento econômico e também às campanhas de desenvolvimento moral, incluindo a expansão da educação pública e a formulação de leis de temperança. Os whigs também eram mais sensíveis aos apelos reformistas de várias denominações protestantes pelo aperfeiçoamento individual.

O Partido Whig venceu somente duas das oito eleições presidenciais entre 1828 e 1852, entrando em crise a partir de 1854. Nas duas vitórias presidenciais, os candidatos eram heróis militares, não líderes políticos ou membros de máquinas eleitorais, ainda que políticos profissionais como Daniel Webster e Henry Clay tenham desempenhado funções importantes na liderança whig, organizando campanhas e mesmo participando de eleições competitivas. O próprio Clay foi três vezes candidato à presidência, chegando perto de obtê-la na eleição de 1844, quando foi derrotado por James Polk, favorável à guerra contra o México.

72 ESTADOS UNIDOS

Eleições presidenciais nos EUA: 1828-1856

1828	Andrew Jackson	Democrata
1832	Andrew Jackson	Democrata
1836	Martin Van Buren	Democrata
1840	William H. Harrison	Whig
1844	James K. Polk	Democrata
1848	Zachary Taylor	Whig
1852	Franklin Pierce	Democrata
1856	James Buchanan	Democrata

Nota: John Tyler e Millard Filmore substituíram os presidentes Harrison e Taylor, falecidos durante seus mandatos.

No entanto, os whigs venceram várias disputas estaduais no Norte e no Sul, além de manterem constantemente bancadas federais de bom tamanho nas duas regiões. A maior homogeneidade ideológica entre os whigs mostrou-se incapaz de reforçar uma posição mais consistente no que se refere aos grandes debates políticos do período. Quando no poder, eles nunca foram fortes o suficiente para modificar as práticas comuns às administrações democratas, valendo-se dos mesmos recursos de seus oponentes para manter suas administrações operantes.

O SEGUNDO SISTEMA PARTIDÁRIO

O segundo sistema partidário, estabelecido nas décadas de 1820-1830, tinha como característica principal um clientelismo político agressivo e um padrão de competição partidária que excluía o debate dos problemas nacionais. O clientelismo retardava o processo de construção do Estado ao impedir a edificação de burocracias estáveis e insuladas. A exclusão de grandes temas era importante para que o posicionamento dos partidos não fosse fundamentalmente afetado por debates sobre a escravidão.

Democratas e whigs eram organizações nacionais com apoio em todas as regiões, mas estavam longe de constituir organizações homogêneas. A sua composição expressava uma articulação complexa entre os interesses políticos, as afiliações étnicas e os problemas estaduais.

Constituíam, portanto, coalizões de organizações locais antes que instituições nacionais totalmente desenvolvidas. Eram partidos pouco ideológicos, mas com grande propensão a aglutinar membros de correntes distintas. Partidos do tipo "*catchall*", como se convencionou chamar na literatura. Enfim, partidos que aglutinavam distintos matizes político-ideológicos nas suas fileiras, no intuito de vencer as eleições. Por mais de 20 anos, esses dois partidos demonstraram suas habilidades para conter e controlar as divergências e minimizar os conflitos entre o Norte e o Sul, impedindo que as questões seccionais interferissem nos debates políticos.

Essa disposição foi legalmente reforçada nos anos 1830-1840 pela Lei da Mordaça. Através desse dispositivo, o Congresso ficava impedido de discutir moções populares críticas à escravidão. A medida também paralisava a torrente de petições ao Congresso, que os abolicionistas vinham dirigindo desde o início da década, quando correntes imediatistas passaram a denunciar a escravidão como um crime. Esse ataque ao direito de fazer petições foi acompanhado por uma ordem presidencial para que os correios destruíssem a propaganda abolicionista eventualmente enviada aos estados do Sul.

RELIGIÃO E REFORMAS – O DESPERTAR DO ABOLICIONISMO IMEDIATISTA

No dia 1º de janeiro de 1831 surgia o jornal *Liberator*, publicado por William Lloyd Garrison na cidade de Boston. A publicação resultava de transformações profundas na forma como os habitantes dos Estados Unidos, especialmente do Norte, viviam a religião. O abolicionismo norte-americano foi moldado por ideias e práticas religiosas, algumas datando da ação dos quakers desde o século XVIII, outras surgindo paralelamente ao movimento de renovação do protestantismo conhecido como o Segundo Grande Despertar.

As transformações econômicas e demográficas em curso nos EUA na década de 1820 levaram ao surgimento de novas formas de culto e devoção. Pastores como Charles Finney exploraram os aspectos emocionais do culto através de grandes reuniões de prosélitos nas quais episódios de conversão se multiplicavam. Esse tipo de rito ocupava o vácuo que as denominações tradicionais não conseguiam ocupar justamente pela dificuldade para dar respostas aos dilemas de uma sociedade em transformação. Um aspecto-chave do despertar foi a "feminilização" da religião, tanto em termos de adesão como de culto, com o concurso elevado de mulheres da classe média, esposas e filhas de homens de negócios despontando como as entusiastas mais exaltadas.

As novas denominações emergindo desse processo rompiam com a ideia de predestinação que era o centro da doutrina puritana. Os homens e as mulheres passaram a ter direito de escolha aos olhos do novo *gospel*. Essa mudança enfatizava diferentes perspectivas, tanto milenaristas, quanto utópicas, mas principalmente a possibilidade de intervenção na realidade como forma de buscar a redenção. No campo do milenarismo, emergiram denominações que acreditavam que o Juízo Final estava próximo, exigindo formas de vida que buscavam a perfeição individual antes que fosse tarde demais. Destacam-se os adventistas do sétimo dia, os mórmons e os shakers. Essas denominações buscaram inicialmente isolar seus membros da sociedade em comunidades de fé que se organizavam a partir de ritos específicos, conjugados com práticas coletivas que enfatizavam a vida em comunidade, em oposição ao caráter crescentemente impessoal da vida nas cidades. Exploravam, portanto, os valores das pequenas comunidades, ainda que com variações que desafiavam costumes estabelecidos: no caso dos mórmons, a sanção à poligamia; no caso dos shakers, a renúncia ao sexo. Ainda que o Segundo Despertar tenha motivado uma forte fragmentação religiosa, principalmente através do surgimento de seitas, foram as Igrejas Batista e Metodista que mais se beneficiaram do revivalismo em curso, angariando milhares de novos membros e reforçando sua posição em relação a outras denominações já estabelecidas.

A busca da perfeição individual também colaborou para a eclosão de um surto de movimentos reformistas. Várias causas foram adotadas. Os movimentos a favor da temperança combatiam o costume, muito comum entre os americanos daquela época, de calibrar suas vidas com alto consumo de bebidas destiladas. A ingestão de bebidas alcoólicas servia para amenizar o tédio da vida e para compensar as rotinas estafantes do trabalho. Nas regiões de fronteira, eram substitutos para a água, cujo grau de pureza diversas vezes deixava muito a desejar. Para os militantes dessa causa, o consumo de álcool tinha efeitos perversos para a vida familiar, para a rotina do trabalho e para a vida em comunidade. Os absenteístas buscavam formas de incentivar o autocontrole individual através da religião e da vigilância comunitária.

A era da reforma também incluiu os movimentos em defesa da mulher, que combatiam a desigualdade entre homens e mulheres, chegando à demanda pelo direito de voto. O novo papel assumido pelas mulheres nas igrejas estimulava que buscassem uma posição mais destacada na vida pública. Como militantes de causas reformistas, muitas mulheres puderam, assim, escapar do controle doméstico exercido pelos homens. Também afloraram movimentos pela reforma de instituições penais como prisões, asilos e orfanatos, cuja degradação resultava do descompasso com o desenvolvimento da sociedade.

Paralelamente, surgiram iniciativas laicas, favoráveis a experiências utópicas, como a comunidade padrão "Harmony" fundada por Robert Owen em Indiana. Muitas dessas comunidades pensavam em formas de diminuir o impacto da oposição entre o trabalho rural e a produção fabril, visando a uma industrialização mais humana. Outras tentaram abolir o uso do dinheiro, estimulando sua substituição por trocas comunais. Mas o objetivo geral era o aperfeiçoamento individual através da disciplina e da solidariedade, valores tradicionais que pareciam estar desaparecendo quando confrontados com a urbanização e a industrialização.

Um dos movimentos mais bem-sucedidos da união entre religião e reforma foi a luta pela expansão da educação pública. A despeito da generalização da alfabetização entre os brancos, a educação era bastante rudimentar no início do século XIX. Foi através da luta de reformadores como Horace Mann e Noah Webster que aos poucos a obrigatoriedade de cobrança de impostos para o apoio à educação pública nos estados se impôs. Esse processo ocorreu de forma lenta e muitas vezes acidentada, mas levou a uma melhora substantiva dos padrões educacionais, principalmente nos estados do Norte e do Oeste, onde aos poucos a educação pública beneficiou-se de melhores salários para os professores, do aumento do tempo de permanência dos alunos na escola e do desenvolvimento de livros didáticos.

Entre as causas reformistas que derivaram das transformações religiosas destacou-se a renovação do movimento abolicionista, que finalmente abandonou o gradualismo que marcou suas fases iniciais. Em 1833 foi fundada a American Antislavery Society, na qual, além de Lloyd Garrison, sobressaíam Wendell Phillips e abolicionistas negros, como David Walker, Sojourner Truth e Martin Delaney. A denúncia da escravidão como um crime e a pressão pela abolição imediata apontaram para uma ação militante que nem sempre recebeu o apoio da sociedade nortista. Os abolicionistas foram muitas vezes estigmatizados como fanáticos religiosos e pelo menos um deles foi linchado em Illinois. O movimento não era popular, nem conseguia quebrar os vínculos entre industriais e comerciantes do Norte e proprietários de escravos do Sul, a despeito de campanhas pelo boicote a produtos como o açúcar e o algodão.

Entre os abolicionistas negros, destacou-se Frederick Douglass, um homem que escapou da escravidão aos 21 anos e que dedicou sua vida à denúncia da "instituição peculiar", como os sulistas a chamavam. As principais diferenças nas linhas de ação entre Douglass e Garrison encontravamse na relação com a política. Garrison afastou-se dos partidos mantendo uma posição inflexível quanto à cooperação, enquanto Douglass, junto a outros abolicionistas, entendeu que a política poderia ser um instrumento para pôr fim à escravidão, apoiando a criação do Partido da Liberdade em 1840, do Partido do Solo Livre (*Free-Soiler*) em 1848 e finalmente aderindo ao Partido Republicano nos anos 1850, quando este se mostrou um caminho viável para derrotar a oligarquia escravista.

A EXPANSÃO DA ESCRAVIDÃO

Ao longo da primeira metade do século XIX, pouco mudou na visão que as lideranças brancas tinham sobre o negro. O nacionalismo endossado por grande parcela da sociedade pautava-se por uma visão homogênea e restrita da formação social, na qual individualismo, mobilidade e expansão vinculavam-se aos brancos protestantes.

Nem mesmo o surgimento de um movimento abolicionista radical na década de 1830, liderado por William Lloyd Garrison e alicerçado na proposição de uma emancipação imediata e sem indenização, foi capaz de contaminar de maneira efetiva a população americana. O chamado "abolicionismo imediatista" que reunia brancos e negros como Frederick Douglass manteve-se restrito a uma minoria de ativistas religiosos e políticos, com pouca repercussão entre os demais cidadãos, comportamento seguido pelas lideranças políticas, que procuraram ignorar suas demandas quando não as criticaram abertamente.

O desenvolvimento de uma perspectiva expansionista, pautada pela ideia do Destino Manifesto, pouco modificou a visão estereotipada do negro. O Oeste seria aberto, mas sua ocupação era uma prerrogativa caucasiana, em qualquer das vertentes principais: fosse a escravista, que propunha a constante expansão de grupos senhoriais e seus plantéis; fosse a do solo livre, pouco propensa à aceitação de outros grupos étnicos no processo de ocupação familiar das novas terras.

A expansão territorial era uma demanda popular tanto no Norte quanto no Sul, por associar-se à ideia de que a nação se perpetuaria através da multiplicação de agricultores independentes. A criação do Partido Democrata na década de 1830 e a expansão do voto popular ao longo das décadas que se seguiram somaram-se ao mito da fronteira em expansão, mantendo a população negra à margem da ampliação dos direitos associados à cidadania.

A interrupção do tráfico transatlântico em 1808 tornou o crescimento da população escrava majoritariamente dependente da reprodução endógena, circunstância que em outras regiões do continente contribuiu para o rápido decréscimo da população cativa. Para surpresa dos setores filantrópicos que defendiam a abolição gradual, a interrupção do tráfico foi acompanhada de um crescimento significativo do contingente escravo no Sul dos EUA, constituindo fenômeno único nas Américas. O crescimento constante da população cativa, aliado à expansão do cultivo algodoeiro, reforçou a posição dos setores escravistas que paulatinamente assumiram uma atitude agressiva na política norte-americana, demandando territórios, financiamento e proteção por parte do Estado.

Rapidamente, o algodão se tornou o principal produto de exportação dos EUA. E o desenvolvimento daquela cultura impulsionou um forte tráfico interno de escravos, atingindo o Oeste e penetrando em terras mexicanas no Texas. Esse processo estava associado às demandas das indústrias têxteis do Norte e da Inglaterra. Dessa forma, os ritmos da produção foram transformados afetando profundamente a rotina de trabalho dos escravos. Por outro lado, como a escravidão reproduzia-se sem tráfico, a balança entre homens e mulheres ficou mais equilibrada do que em regiões como Cuba e o Brasil. As condições de vida dos escravos do Sul dos Estados Unidos também parecem ter sido melhores do que aquelas que prevaleciam no Brasil, pelo menos até a interrupção do tráfico atlântico no Império em 1850. No entanto, o recrudescimento do tráfico interno ameaçou a precária vida familiar que esses indivíduos estabeleceram nos estados próximos ao litoral, criando uma tensão que marcaria a vida tanto dos que ficaram como dos que foram deslocados para as novas terras. A remoção, o desenraizamento e a submissão a novas dinâmicas de trabalho aterrorizaram a vida dos escravos, precarizando as pequenas conquistas adquiridas através de gerações do cativeiro.

As preocupações dos senhores do Sul em face da possibilidade de revoltas escravas cresceram após a revolução de Santo Domingo (que levaria à criação da República do Haiti em 1804) e foram ainda mais radicalizadas pela abolição da escravidão nas colônias inglesas do Caribe durante a década de 1830. Também foram acirradas por algumas revoltas escravas, cuja mais importante foi a de Nat Turner na Virgínia, em 1831. Turner, um trabalhador escravo alfabetizado, era um leitor fervoroso da Bíblia. Ele experimentou visões que o fizeram acreditar ser o instrumento de alguma grande proposta nas mãos de Deus. Turner e um grupo de seguidores lançaram sua revolta que levou à morte de cerca de 60 brancos antes de ser derrotada pelas milícias locais. O próprio Turner seria preso, julgado e executado numa escala de repressão que levaria à morte cerca de 120 negros na região.

A revolta de Turner foi crucial na história da repressão no Sul. A partir daquele momento, o sistema de milícias, que já funcionava, passou a ser sistematicamente empregado na vigilância dos movimentos dos afro-americanos, livres ou escravos. Isso dificultou as fugas, ainda que elas continuassem ocorrendo de forma individual ou coletiva ao longo do período. Boa parte dos fugitivos procurava alcançar os estados do Norte, onde pretendiam recomeçar suas vidas como indivíduos livres. Algumas das experiências daqueles que conseguiram escapar foram posteriormente publicadas nas chamadas "narrativas escravas". Frederick Douglass, Linda Brent, Olaudah Equiano, Solomon Northup e Mary Prince escreveram as principais autobiografias denunciando a escravidão no Sul.

Dessa forma, a perspectiva de extinção progressiva dissipou-se quando se tornou evidente que o progresso econômico não era incompatível com a manutenção do trabalho escravo. Foi sob o pano de fundo da crescente tensão expansionista entre as forças da escravidão e os partidários do trabalho livre que o segundo sistema partidário se consolidou, transformando o caráter do Estado nacional norte-americano e o padrão de recrutamento dos seus funcionários. Mas foi também sob a pressão das lutas em torno da expansão da escravidão que esse sistema entrou em crise.

O SISTEMA DE ESPÓLIOS

O advento do segundo sistema partidário transformou os partidos em organizações com o poder de controlar temporariamente toda a administração federal. Como intérpretes das demandas locais, esses partidos encontravam-se habilitados para monopolizar muitas das tarefas que seriam normalmente exercidas por organizações burocráticas permanentes em outros países. Democratas e whigs mobilizaram o eleitorado americano em todos os níveis da administração pública, usando o sistema de espólios dos cargos públicos para motivar os seus quadros. O termo denota a capacidade dos partidos, quando no poder, para monopolizar as estruturas burocráticas, distribuindo as mesmas entre seus simpatizantes. O argumento a favor dos espólios enfatizava que sendo as tarefas do governo de simples execução, seria mais fácil que os cargos fossem rotativos. Nem o argumento era tecnicamente correto, nem a rotatividade impediu que pessoas corruptas ou incompetentes eventualmente ocupassem cargos públicos.

Através da instituição do sistema de espólios, a democracia americana minou a possibilidade de criação de uma burocracia independente, nos moldes da Europa Ocidental. A maioria dos postos governamentais se tornaria prerrogativa do partido no poder. Essa configuração reforçou o papel dos partidos políticos como organizações nacionais que intermediavam as relações entre o cidadão comum e o governo federal, numa escala dificilmente alcançada por qualquer instituição similar na Europa ou na América Latina. Sob essas regras constitucionais específicas, os partidos políticos se tornaram as maiores fontes de geração da ordem, da continuidade e da previsibilidade das operações governamentais.

Na ausência de uma burocracia profissional, o sistema de "partidos e cortes" forneceu as regras operacionais para as rotinas do governo, porque os partidos e as cortes de justiça eram das poucas instituições que possuíam alguma uniformidade ao longo de um território extenso. Mesmo as posições no pequeno exército profissional estavam sujeitas à patronagem política.

A identificação partidária permitiu a redução dos conflitos entre os vários níveis da estrutura constitucional, bem como alguma estabilização dos procedimentos administrativos através do clientelismo, da rotatividade nos postos e do controle externo sobre os funcionários públicos. O sucesso na rotinização da administração pública não conseguiu, entretanto, banir

80 ESTADOS UNIDOS

completamente o problema do separatismo na política norte-americana. O principal desafio à unidade nacional durante o governo de Jackson veio do coração escravista sulista, o estado da Carolina do Sul.

A CRISE DA NULIFICAÇÃO

No período anterior à Guerra Civil, as elites da Carolina do Sul desenvolveram uma defesa fundamentalista da escravidão, que incluiu mesmo a demanda pela reabertura do tráfico internacional. Liderados por John C. Calhoun, um nacionalista que aderiu à defesa do separatismo escravista, os brancos sul-carolineanos formularam a mais radical defesa dos direitos escravistas na República, uma retórica que posteriormente seria reverberada e aprofundada por outros políticos e escritores do Sul. Em 1832, o estado, uma das poucas áreas excluídas da revolução democrática implementada à luz do sistema político jacksoniano, desafiou a administração federal ao se recusar a recolher os impostos devidos ao governo nacional. Esse episódio ficou conhecido como a "crise da nulificação" porque o governo do estado anulou a arrecadação federal, condicionando sua retomada à retirada de impostos aduaneiros e ameaçando com a separação caso suas demandas não fossem atendidas.

Por trás da questão tarifária existia uma profunda insatisfação em relação à possível extensão do poder federal sobre as atribuições dos estados. Esse constrangimento era impulsionado pelo receio de que a elevação de tarifas sobre produtos industrializados importados viesse a se constituir no primeiro passo para uma intervenção mais efetiva do poder federal contra a existência da escravidão. Extensa pesquisa dos debates do parlamento estadual demonstrou existir maior oposição às tarifas justamente entre os representantes dos condados onde a concentração de escravos era mais expressiva. Mais uma vez, um comportamento paranoico gerou uma reação excessivamente forte a uma questão de política ordinária.

O problema foi resolvido através de um novo compromisso, facilitado pela falta de interesse de outros estados em seguir o exemplo da Carolina do Sul. Jackson cedeu quanto aos impostos e em relação ao ritmo do fortalecimento do poder federal, acatando, pelo menos parcialmente, as demandas dos sulistas exaltados. Mas o precedente estava aberto, porque o direito de qualquer estado para invocar a nulificação e neutralizar as leis federais era uma evidência forte da resistência que uma minoria regional podia apresentar às ações do governo federal. Quando essa minoria obtivesse o apoio de outros estados, como ocorreria 30 anos mais tarde, ela poderia desencadear um processo mais amplo de separação regional.

GUERRA CONTRA O MÉXICO

Norte-americanos, majoritariamente sulistas, emigraram para o Texas ao longo das primeiras três décadas do século XIX. Esses colonos seguiam com seus escravos, famílias e bens. Após a independência do México em 1821, e particularmente após a emancipação dos escravos daquele país em 1824, o conflito entre imigrantes norte-americanos e mexicanos tornou-se latente, levando à guerra e à independência do Texas em 1836. No entanto, após a separação, o estado não foi integrado aos Estados Unidos. Muitos políticos e parte da opinião pública eram contrários à integração de uma nova unidade federativa escravista. Assim, o Texas existiu durante cerca de nove anos com um *status* indefinido, sendo conhecido como a República da Estrela Solitária. Uma república cujo reconhecimento o governo mexicano não referendava completamente, na esperança de uma reintegração futura.

A vitória do candidato expansionista James Polk na eleição de 1844 selou o destino do Texas e de boa parte dos territórios do noroeste mexicano. O movimento que levou Polk à vitória era sustentado por adeptos da ideia do Destino Manifesto. Essa concepção tem várias raízes na política norte-americana. Basicamente, ela se pauta na ideia de uma expansão continental, até a costa do Pacífico. Essa ideia já estava presente no discurso jeffersoniano quando da compra da Luisiana, mas a pressão escravista por novas terras aráveis aumentou a pressão sobre o governo federal em favor de apoio para o avanço sobre as terras mexicanas dando novo sentido à posição intervencionista do governo norte-americano. O domínio sulista do Departamento de Estado facilitou a formulação de uma política expansionista que se voltou principalmente para a agressão à América Latina, em especial a absorção de territórios no México e na América Central.

Em 1845, o Texas foi anexado aos Estados Unidos. Essa ação gerou uma tensão ainda mais forte com o governo mexicano, levando à guerra entre as duas repúblicas em 1846. Apesar de o exército mexicano ser bem mais numeroso que o norte-americano, ele foi derrotado inapelavelmente após 16 meses do conflito. Os norte-americanos tomaram a Cidade do México em 14 de setembro de 1847 e impuseram a paz. Derrotados militarmente e acossados pelas crises internas que se seguiram, os mexicanos perderam a Califórnia, o Novo México, o Arizona, Nevada, Utah e o Texas, todos os territórios do Noroeste que a República havia herdado do período colonial.

A guerra contra o México (1846-1848) foi criticada por um grande número de whigs e por alguns democratas do Norte. Eles temiam que a anexação de novos territórios proporcionasse espaço político para a expansão da escravidão. Muitos também receavam que a expansão territorial alterasse a balança de poder entre as regiões em favor do Sul. Outros, ainda, opuseram-se ao caráter agressivo da política externa efetuada pelos democratas pela contradição evidente que oferecia à Doutrina Monroe.

O CRESCIMENTO DAS TENSÕES REGIONAIS

A primeira metade do século XIX compõe um período durante o qual a unidade nacional foi mantida através de compromissos, barganhas políticas nas quais os dois principais partidos buscavam pontos de convergência que apaziguassem as diferenças fundamentais entre o Norte e o Sul. Esses compromissos visavam garantir a posição sulista no Estado federal, bem como a possibilidade de expansão da escravidão pelos vastos territórios do sudoeste americano. A Constituição era a principal ferramenta na costura de tais compromissos, pois ela garantia a ideia de continuidade no governo, mantendo a integridade do sistema social sulista e sua capacidade de colonizar setores importantes do governo federal mantendo uma influência desproporcional relativamente ao tamanho da sua população livre.

Nos anos 1840, a integração dos territórios tomados ao México traria a escravidão para o centro do debate político. O expansionismo territorial era uma presença constante nos discursos de representantes do Sul. Várias vezes, a anexação de Cuba e outros territórios coloniais espanhóis foi cogitada como solução para a ampliação de oferta de mão de obra escrava e expansão de uma fronteira agrícola servil. Também a Nicarágua foi vítima de uma intervenção de curta duração comandada pelo aventureiro William Walker. Sem apoio do governo e acossado por forças nacionalistas, Walker acabaria sendo fuzilado em 1860. Pouco importava que essa política expansionista requeresse a presença de um forte Estado nacional para fazer a guerra contra nações mais frágeis, como o México, ou contra tribos indígenas nas planícies centrais. O Estado era bem aceito pelos sulistas desde que ele incorporasse novos territórios onde a escravidão fosse viável (ver quadro).

DESTINO MANIFESTO

Em 1845, o jornalista John O'Sullivan cunhou o termo que apresenta uma justificativa para o expansionismo territorial dos Estados Unidos. De acordo com O'Sullivan, "nosso destino manifesto é de nos espalharmos pelo território disposto pela providência em consonância com o a multiplicação anual por milhões". Ainda de acordo com o autor, os habitantes brancos dos EUA eram beneficiários do direito divino de expandir os benefícios da democracia americana para outros povos, mais "atrasados", especialmente os mexicanos e as nações indígenas, pela força, caso necessário. A noção de um Destino Manifesto cristalizou um ideal expansionista que misturava o orgulho nacionalista ao zelo missionário e a atitudes racistas em relação a outros povos.

Não existia consenso no Norte a respeito das políticas de expansão. A anexação do Texas como um estado escravista em 1844 e a Guerra Estados Unidos-México (1846-1848) foram contestadas por muitos grupos que temiam a admissão de novos estados escravistas. Eles davam razão à profecia do escritor Ralph Waldo Emerson, vaticinando que a conquista do México envenenaria os Estados Unidos, criando um Império para a escravidão. A rápida vitória militar levou à assinatura do Tratado Guadalupe-Hidalgo, que espoliou o México de quase metade do seu território. A partir de então, a integração das novas terras conquistadas ao território tornou-se o grande gargalo da política até a deflagração da Guerra Civil. Em 1846, David Wilmot, deputado democrata da Pensilvânia, apresentou uma resolução banindo a escravidão dos territórios conquistados onde ela não tivesse existido previamente. A Emenda Wilmot (*Wilmot Proviso*), como essa resolução ficou conhecida, foi fonte de debates violentos no Congresso, levando a nação à beira da secessão nos três anos seguintes.

Uma resposta conciliatória negociada pelos membros mais moderados de cada um dos partidos passou uma série de resoluções em separado até chegar a um consenso mais amplo. O Compromisso de 1850, como esse conjunto de resoluções ficou conhecido, foi a última barganha partidária bem-sucedida para manter a unidade americana por meios pacíficos. Sua principal inovação foi a substituição do Compromisso do Missouri (1820) pelas concepções de autodeterminação e soberania popular como as principais ferramentas para a determinação das condições sob as quais um território poderia ser aceito como um estado livre ou escravista. Esse processo fragilizou a disciplina partidária na medida em que os deputados e senadores progressivamente se alinharam mais em função dos seus interesses regionais que das disposições dos seus partidos no Congresso.

O Compromisso também reforçou a posição do governo federal como um caçador de escravos a partir da introdução de uma nova Lei dos Escravos Fugitivos. Essa lei substituía o código frouxo – discutido durante os debates constitucionais e sancionado em 1793 – e permitia aos senhores do Sul irem ao Norte para reclamar seus escravos fugidos. Na execução dessa tarefa, teriam proteção de comissários federais, que conduziriam investigações e autorizariam o retorno dos fugitivos capturados. Os escravos capturados perderam o direito ao *habeas corpus* e a qualquer forma de apelação. As cortes e sistemas legais dos estados onde esses fugitivos fossem capturados perdiam jurisdição para a interposição de quaisquer recursos visando à defesa desses cativos. Mesmo os negros livres viram sua posição fragilizada, uma vez que poderiam ser apreendidos sem direito de defesa. O livro *Doze anos de escravidão*, autobiografia de Solomon Northup, de certa forma expressa a situação precária dos negros livres em meados do século XIX, ainda que Solomon não tenha sido propriamente vítima de ação judicial, mas de sequestro.

A Lei dos Escravos Fugitivos não feriu apenas a autonomia federativa dos estados do Norte, ao minar sua posição como santuários para os escravos fugitivos. Ela também criou um ambiente de medo e revolta contra o Sul, transformando a teoria conspiratória do "Poder da Escravidão" (*Slave Power*) no símbolo mais poderoso da ameaça representada pelo despotismo sulista e pela influência da escravidão sobre o governo, minando os princípios da liberdade política e econômica sob os quais os Estados Unidos haviam sido fundados. Essa hipotética conspiração escravista fornecia uma metáfora social cujo apelo encontrava ressonância numa sociedade sensível a teorias conspiratórias. Em resposta a essa medida, uma enxurrada de panfletos apareceu. Também aumentou o volume de publicações de narrativas escravas. Finalmente, surgiu o romance *A cabana do Pai Tomás*, de autoria de Harriet Beecher Stowe, publicado em forma serial entre 1851-1852. Em menos de três anos, o livro vendeu 300 mil cópias, um *best-seller*.

A Lei dos Escravos Fugitivos foi muito mais efetiva para a formação de uma mentalidade antissulista que todo o proselitismo empregado em décadas de propaganda abolicionista. Aos olhos do cidadão comum, a agressividade política do Sul deu razão aos abolicionistas e outros setores do Norte que eram críticos do estilo de vida da região escravista. Esses setores proclamavam, fazia tempo, que o trabalho escravo degradava o trabalho livre e que existia uma conspiração sinistra dentro do governo para promover os interesses do Sul. Como o Compromisso de 1850 não conseguiu abrandar as tensões, pequenos acordos regionais foram costurados no Congresso para evitar novas crises nacionais. A ideia de soberania popular promoveu grandes transformações no que diz respeito às regras de admissão dos novos estados. Ela foi uma iniciativa do senador democrata por Illinois Stephen Douglas, na tentativa de apaziguar os sulistas. Douglas também era uma importante liderança democrata nacional com aspirações à presidência da República. Em 1854, um novo compromisso foi estabelecido pelo Congresso para dirimir os conflitos no território do Kansas. Mas sua eficácia era inteiramente discutível, pois muitos setores do Norte viram o Acordo Kansas-Nebraska (*Kansas-Nebraska Act*) como uma derrota da democracia nortista para o despotismo do Sul.

O Acordo Kansas-Nebraska de 1854 criou uma nova jurisprudência sobre o assunto. Ao invés das linhas geográficas herdadas das Ordenanças do Noroeste e do Compromisso do Missouri, os legisladores passaram a considerar que a forma de organização do trabalho prevalecente em cada território deveria ser sujeita a um referendo popular. Essa legislação deu aos habitantes de cada território, através de suas legislaturas e por meio de um *referendum*, o poder de determinar o caráter das suas instituições locais e particularmente de definir qual a forma de trabalho desejada, admitindo ou excluindo a escravidão. O ato não apenas perturbou a paz interna do Kansas, ele também enfureceu a opinião pública do Norte.

Confrontos sangrentos entre partidários da escravidão e defensores do "solo livre" no território do Kansas mostraram quais seriam os resultados da aplicação do conceito de soberania popular às zonas de fronteira – massacres e atos de desobediência civil. As forças emergentes da oposição do Norte tirariam vantagem dessa situação, identificando-se como defensores das liberdades civis, lutando pela conquista do poder federal e prometendo banir a escravidão dos territórios do Oeste e o poder da escravidão do governo federal.

A repercussão dessas controvérsias apresentadas proporcionou um rápido realinhamento partidário entre as forças descontentes no Norte. Esse processo apontava na direção de uma organização partidária claramente seccional para onde convergiam adeptos do solo livre, capitalistas, racistas, reformistas religiosos, antimaçons e nativistas. O surgimento de terceiros partidos foi frequente ainda que nenhum deles tenha se afirmado como agremiação competitiva durante o segundo sistema partidário. O surgimento do Partido da Liberdade em 1840 foi seguido pelo Partido do Solo Livre no final dos 1840. Alguns anos depois surgiu o nativista Partido Americano (*Know Nothing*), uma organização antimaçônica e anticatólica que também formulou críticas à escravidão pelo mal que fazia aos brancos protestantes.

Mas essas organizações careciam da força necessária para aglutinar todos os grupos descontentes numa coalizão mais sólida. Finalmente, a criação do Partido Republicano, em 1854, permitiu a substituição de uma maioria democrata nacional por uma maioria antidemocrata no Norte. Esse partido expressava uma aliança entre pequenos e médios fazendeiros e grandes industriais, comerciantes e financistas. O que mantinha esses grupos unidos era sua aversão comum ao poder sulista, visto como desagregador para a nação.

O Partido Republicano, através da captura do governo federal, seria o instrumento para a redefinição do marco institucional adequado para o desenvolvimento da vida social norte-americana. Seu programa prometia empregar todo o peso do governo federal na expansão da indústria e da agricultura "livre". Seu apoio às tarifas protecionistas para a indústria e o aval dado à ação do Estado, no que concernia aos melhoramentos internos, uniu os interesses dos capitalistas do Leste aos dos fazendeiros do Oeste. O desenvolvimento de uma ideologia que conciliava as demandas dos fazendeiros e industriais numa visão de mundo coerente ocorreu simultaneamente ao processo que identificou a *plantation* escravista como principal obstáculo ao desenvolvimento social.

O CONTROLE DO ESTADO

A década de 1850 marca a desagregação do segundo sistema partidário e a radicalização política seccional, com reflexos no poder Judiciário e na opinião pública de ambas as regiões. No campo da política partidária, o debate sobre a escravidão deu continuidade ao "estilo paranoico" da política pré-guerra. Os republicanos afirmando que o Sul era dominado por uma conspiração escravista. Os democratas respondendo que os republicanos eram abolicionistas enlouquecidos por um puritanismo fanático. Os partidos políticos em ambas as regiões acreditavam na capacidade de persuadir o povo de que sociedade arriscava-se a perder seus mais caros valores. Essa ansiedade dava força especial aos atritos entre o Norte e o Sul.

No campo legal, o controle sulista sobre as organizações federais foi expresso através da decisão no julgamento do caso Dred Scott *versus* Sandford. Essa batalha jurídica foi o resultado da apelação de um escravo à Suprema Corte. Dred Scott residira por mais de cinco anos nos territórios de Illinois e Wisconsin, quando acompanhou seu senhor em missões militares. Em função dessa residência, e apoiado por abolicionistas, ele decidiu mover um processo legal por sua liberdade após a morte do senhor. O processo despertou o interesse da opinião pública porque tocava no problema delicado da definição do *status* dos territórios em relação à escravidão.

Tendo sido derrotado na corte estadual, Dred Scott apelou para a mais alta instância do judiciário. Num julgamento polêmico, a Suprema Corte, de maioria sulista, decidiu contra o pedido de Dred Scott, mas foi além: numa decisão tida na época como exemplar pelos defensores da escravidão, o juiz Roger Taney declarou que os habitantes negros dos Estados Unidos (livres ou escravos) não poderiam ser considerados cidadãos e que não estavam habilitados para o gozo dos direitos constitucionais em nenhuma das unidades que compunham a federação. O Congresso, segundo os juízes da Corte, não possuía o poder de banir a escravidão dos territórios, a despeito do que as legislaturas desses mesmos territórios considerassem como correto.

Os reflexos dessa decisão não tardaram. Ela deixava claro que a passagem da escravidão para a liberdade não romperia as barreiras hierárquicas estabelecidas pela linha de cor. Em desespero, lideranças negras do movimento abolicionista voltaram a adotar posições pró-emigração, buscando oportunidades na África, no Haiti, na Libéria ou simplesmente emigrando para o Canadá. Outros, entre os brancos, adotaram posições mais radicais. O líder abolicionista William Lloyd Garrison rasgou em público a Constituição norte-americana, denunciando-a como um documento favorável à escravidão.

Outros setores, como o grupo comandado pelo pastor branco abolicionista John Brown, partiram para uma ação direta contra a escravidão. Em 1859, Brown, um veterano das lutas no Kansas, acompanhado por um grupo de seguidores (que incluía dois dos seus filhos), atacou o arsenal federal localizado na cidade de Harpers Ferry, no estado da Virgínia. O plano era tomar as armas e mobilizar a população escrava adjacente numa grande revolta. Com a falha desse ataque, vários dos sobreviventes, incluindo Brown, foram julgados e executados por crime de sedição. O comportamento exemplar de Brown diante de seus algozes e a dignidade demonstrada na denúncia da escravidão mobilizou a opinião pública do Norte a tal ponto que, no dia da sua execução, os sinos das igrejas de várias cidades da Nova Inglaterra badalaram. Acabara de surgir um mártir branco na luta do Norte contra o poder da escravidão.

ESCRAVIDÃO, ESPÓLIOS E ESTADO

O acirramento da defesa escravista e a radicalização política do Norte levaram à evolução do quadro político em direção ao confronto. Os republicanos rapidamente substituíram os whigs em muitas áreas do Norte, vindo a conquistar governos estaduais e expressivas bancadas tanto na Câmara federal, quanto no Senado. Sua plataforma pregava a limitação da escravidão aos estados onde ela existia, restringindo sua expansão para os territórios do Oeste.

O partido encontrava-se profundamente comprometido com uma forte intervenção governamental nas áreas de infraestrutura e no sistema judiciário. Alguns setores retratavam o partido como "o defensor do homem branco", numa rejeição racialmente limitada das relações de trabalho escravistas. Outros criticavam a organização social do Sul como um experimento social inferior e atrasado.

A posição antiescravista dos republicanos interferia na força de trabalho, enquanto a mensagem favorável ao solo livre ameaçava a aliança entre a oligarquia escravista e os setores livres não proprietários de escravos da sociedade sulista. A interferência federal poderia afetar a operação de algumas instituições essenciais, como o sistema judiciário e os correios, bem como a operação de práticas tradicionais de patronagem, que envolviam as relações entre os estados e o governo federal. Dada a estrutura do sistema de espólios, a conquista do governo federal permitiria aos republicanos varrer os representantes do escravismo dos seus postos no governo federal. Os sulistas também acreditavam que a perda da capacidade de nomeação poderia desestabilizar seu poder no interior das *plantations*.

RUMO À GUERRA CIVIL

Entre 1820 e 1860, os Estados Unidos passaram por transformações gigantescas, incluindo: a formação de um sistema político competitivo, a inclusão massiva de eleitores, a expansão territorial, o crescimento da produção agrícola, o aumento do número de escravos, sua migração para o Oeste, a industrialização e o crescimento das cidades. O processo de formação do Estado nacional norte-americano foi um componente importante dos conflitos que desaguaram na separação dos estados do Sul após a conquista do governo federal pelo Partido Republicano. Esse processo esteve profundamente relacionado aos conflitos entre partidários do trabalho livre e do trabalho escravo.

O acirramento dessa questão foi provocado por dois fatores principais: a expansão territorial e o realinhamento partidário da década de 1850. Enquanto o sistema político mostrou-se flexível o suficiente para acomodar os interesses regionais divergentes, foi possível manter a unidade nacional norte-americana sem guerras.

Durante os anos 1820 e 1830, crises como a admissão do Missouri e a nulificação não quebraram a unidade nacional. Mas a aquisição de metade do território mexicano na guerra de 1848 criou um conjunto enorme de tensões que não puderam mais ser acomodadas pelas ferramentas proporcionadas pelo segundo sistema partidário. O crescimento das divergências envolvendo a expansão da escravidão para o Oeste erodiu as bases dos compromissos iniciais, abrindo caminho para a formação de alinhamentos seccionais.

Durante os anos 1850, esse sistema entrou em colapso devido à influência de uma forte competição regional. Sob a pressão desses interesses, o segundo sistema partidário foi destruído e uma organização claramente regional, o Partido Republicano, emergiu para reivindicar os interesses do Norte. O conflito sobre a permanência da escravidão não era novo, mas seu acirramento a partir de 1850 enfraqueceu os grupos que durante a primeira metade do século haviam lutado tenazmente pela manutenção da União através de barganhas políticas.

A desconfiança de que um dos lados utilizaria o controle do Estado para impor sua agenda imediata no que diz respeito à forma predominante de organização social selou o destino dessa divergência na direção da separação e da guerra. Os líderes do Norte acreditavam que os sulistas estavam quebrando as regras estabelecidas nos anos 1820, ao mesmo tempo que tentavam dominar o governo federal para expandir a escravidão. O Partido Republicano proclamava que não interferiria com a escravidão nos estados em que ela ainda existia ao mesmo tempo em que não se mostrava disposto a conceder qualquer influência aos sulistas no que se referia à formulação das políticas federais. Por sua parte, os sulistas não se mostravam dispostos a quaisquer movimentos conciliatórios, porque temiam que a perda do controle do governo pudesse privá-los do poder de preservar a escravidão. Eles acreditavam que o confinamento da escravidão aos estados mais antigos iria destruí-la rapidamente ao privá-la das terras férteis do Oeste.

No final dos anos 1850, os sulistas estavam lutando contra a regra da maioria, na medida em que buscavam a proteção do governo federal a seus direitos minoritários na política nacional. Em outras palavras, eles estavam lutando para incrementar e manter a sansão extraterritorial das suas leis estaduais. Isso significava fazer com que os códigos escravistas do Sul fossem implementados e cumpridos pelo governo federal, agindo em favor dos interesses desses estados em outras áreas da União. Tal procedimento constituía uma barreira intransponível à expansão do Estado federal, porque a defesa bem-sucedida dos interesses da *plantation* apontava para a neutralização da autonomia estatal no que concerne a coordenação das regras e práticas que definiriam a expansão para o Oeste. Essas ações fundamentaram a afirmação de Frederick Douglass, segundo o qual "a escravidão constituía um poder maior que o Estado".

Duas concepções diferentes sobre o futuro se chocaram. Os Estados Unidos seriam uma sociedade livre, ou a escravidão se afirmaria como a principal instituição da República? A Guerra Civil foi o contexto final para definir qual projeto prevaleceria. O conflito decorreu de disputas de longa data sobre a expansão para o Oeste, envolvendo a admissão de novos territórios como estados. Ele constituiu o último capítulo do longo processo de unificação territorial da República dos Estados Unidos, em curso a partir da ratificação da Constituição em 1788.

De forma ambígua, a secessão sulista constituiu um evento que facilitou a formação do Estado norte-americano, porque a desunião permitiu a identificação do Partido Republicano com o Estado central, levando a um crescimento maciço da autoridade governamental no

Norte nos anos seguintes. Com a separação do Sul, o governo central, o Partido Republicano e os imperativos da economia política do Norte tornaram-se profundamente inter-relacionados. Desse momento até o final da Reconstrução (1876), os interesses da expansão estatal e do Partido Republicano foram praticamente análogos.

No entanto, às vésperas da guerra, as dimensões do movimento separatista do Sul não tinham sido devidamente compreendidas. A maioria dos políticos e formadores de opinião do Norte concordava com a observação de um deputado republicano, segundo o qual "o Sul se separaria, tomaria dois drinques e voltaria para a União". Os eventos mostrariam que essa profecia havia subestimado a capacidade etílica dos habitantes da Confederação, bem como sua disposição para se separarem do restante do país. Para restaurar a União, seriam necessários quatro anos de guerra, a destruição da escravidão no Sul e a reorganização da economia política da Confederação pela coalizão vencedora.

E veio a guerra... A Guerra Civil Americana e a transformação dos Estados Unidos

A deflagração da Guerra Civil Americana tem sido objeto de diversas interpretações desde o final dos combates em 1865. Ela foi vista como um conflito inevitável, no qual interesses econômicos opostos se chocaram; ela foi explicada como o resultado trágico do comportamento voraz dos políticos, que colocaram seu egoísmo acima dos interesses da República; ela foi percebida como uma consequência da falta de alternativas proporcionada por um sistema partidário em crise; ela também foi considerada uma crise constitucional, afetando os conceitos de lei e ordem nas duas principais regiões do país. Ainda que muitas questões dividissem o Norte e o Sul, a historiografia dos últimos 50 anos demonstrou, com sucesso, que a escravidão foi o elemento central da crise que levou à secessão e à guerra.

Os sulistas, em meados do século XIX, acreditavam ser um extrato social superior ao preservar o estilo de vida agrário sob o qual a República tinha sido fundada, que permanecia imutável na região, graças à ação de um grupo de senhores cosmopolitas, alinhados por um conjunto de ideais reacionários pautados na noção de superioridade étnica de todos os brancos. Os grupos de sulistas não proprietários, filhos do solo, também eram vistos como superiores aos homens comuns do Norte, cujas vidas eram confinadas pelos muros das fábricas, ou que provinham de grupos de imigrantes recentes que, como os irlandeses, eram católicos. Na visão dos oligarcas, o Sul agrário e escravista preservava a pureza americana dos pais fundadores, enquanto o Norte industrial e capitalista a degradava.

De fato, o Sul era peculiar, principalmente por manter uma forma de trabalho que suas oligarquias não consideravam abolir. O nacionalismo sulista, emergindo a partir da década de 1820, também forçava as lideranças daquela região a assumir um comportamento cada vez menos conciliador. Tratava-se de uma crença que direcionou os sulistas para o confronto, acreditando que poderiam obter sua independência, estabelecendo a legitimidade do que teria sido o maior Estado nacional escravista do globo. Essa crença supunha que faltaria aos nortistas a têmpera para lutar. Supunha, igualmente, que sendo a produção econômica confederada essencial para a indústria do algodão, a região receberia apoio de nações que, como a Inglaterra, dependiam da matéria-prima para manter sua indústria produzindo.

Antes da Guerra, os estados eram soberanos em relação a uma série de questões, especialmente no que diz respeito à determinação de quem poderia ser considerado cidadão. As instituições estaduais, como a escravidão, sobrepunham-se à lei federal porque os direitos dos estados prevaleciam e sua defesa era uma pauta importante dos setores escravistas. Ao longo da primeira metade do século XIX, as defesas simultâneas dos direitos dos estados, do Sul e da escravidão, se alinharam. A defesa dos direitos dos estados também era forte no Norte, principalmente entre os democratas. Mas concepções nacionais vinham lentamente se fortalecendo, seja em função da ação whig, seja como consequência tardia da repercussão das revoluções liberais europeias de 1848, conflagrações que moldariam o discurso republicano ao enfatizarem as noções de povo e integridade territorial acima dos interesses regionais.

O surgimento do Partido Republicano, em 1854, desequilibrou a balança. O partido dominava a política dos estados do Norte, que possuíam populações bem maiores que os vizinhos do Sul. A agremiação representava a união improvável de três grupos: agricultores, comerciantes e industriais. Sua plataforma possuía um apelo sedutor para quase todos os grupos do Norte e do Oeste: para os adeptos do solo livre, limites à extensão da escravidão; para os industriais, uma tarifa protecionista; para os imigrantes, garantias de direitos; e para o Oeste, a construção de uma ferrovia transcontinental, apoio federal para obras públicas, melhoramentos internos e acesso livre às terras públicas. Essa assimetria era fonte de preocupação para as lideranças escravistas. Como lembrou um político da época, a principal causa de preocupação eram os números apresentados pelo Censo de 1860, que demonstravam a dessimetria entre as duas regiões. Assim, os sulistas procuram equilibrar no Senado a balança, compensando as deficiências na Câmara.

Nas eleições de 1854, a candidatura improvisada do engenheiro e topógrafo John C. Frémont mostrou o potencial eleitoral daquela agremiação, chegando em segundo lugar e vencendo em quase todos os estados do Norte. As perspectivas eleitorais melhorariam nos anos seguintes devido à incapacidade da administração James Buchanan de conter os conflitos. Os eventos da segunda metade da década de 1850 destruíram o Partido Whig. Mas as disputas em torno da expansão para o Oeste, intensificadas durante a presidência de Buchanan (1856-1860), dividiram o Partido Democrata, que constituía a principal força política do país e o maior bastião da defesa dos direitos do Sul escravista no governo federal.

A ELEIÇÃO DE 1860

A eleição presidencial de 1860 encontrou ambos, o Sul e o Partido Democrata, divididos. Os delegados sulistas se afastaram do candidato nomeado pela maioria, Stephen Douglas, de Illinois, famoso por suas doutrinas favoráveis à soberania popular. O "pequeno gigante", como Douglas era conhecido devido à sua baixa estatura, deixara de ser confiável para os interesses sulistas por causa da sua oposição à violência no Kansas. O principal nome do Partido Democrata e o campeão dos compromissos políticos não era mais um nome viável.

Os sulistas dissidentes nomearam o vice-presidente John C. Breckinridge como seu candidato numa chapa democrata sulista, com uma plataforma que favorecia a extensão da escravidão pelos territórios e a anexação de Cuba. Um grupo mais moderado, temendo pela dissolução da União, apressadamente organizou o Partido Constitucional da União, nomeando o senhor de escravos John Bell como seu candidato.

ESTADOS UNIDOS

A divisão dos democratas e ex-whigs do Sul em três candidatos abriu as portas para uma vitória republicana. O principal nome do partido era o ex-governador do estado de Nova York, William Seward. Por uma ironia da história, a candidatura da Seward também sofria de forte rejeição interna devido às suas posições mais radicais contra a escravidão e inimizades construídas durante uma longa e ativa carreira. Na convenção, os delegados escolheram um político moderado, o ex-whig Abraham Lincoln, proveniente do estado de Illinois.

Lincoln nascera no Kentucky, mas fizera toda a sua carreira profissional como advogado na capital de Illinois, Springfield. Ele também servira como deputado no Congresso por um mandato na década de 1840, sem, entretanto, buscar a reeleição. Após um longo afastamento, voltara à política no contexto das lutas no Kansas, competindo pela vaga senatorial do estado contra o próprio Stephen Douglas em 1856. A campanha foi marcada por uma série de debates públicos entre os dois candidatos. Ainda que viesse a ser derrotado, Lincoln marcou posição e tornou-se nacionalmente conhecido ao enfrentar localmente o principal nome do Partido Democrata, pois os debates foram transcritos e divulgados em outros estados (ver quadro). A partir daí, Lincoln ganhou projeção nacional, firmando-se na convenção como a segunda melhor opção da maioria dos delegados e finalmente derrotando Seward no terceiro escrutínio. Ao contrário dos democratas, os republicanos marchariam unidos para a eleição.

OS DEBATES LINCOLN-DOUGLAS

Entre agosto e outubro de 1858, o republicano Abraham Lincoln desafiou o candidato à reeleição para o senado do estado de Illinois, Stephen Douglas. Os debates, realizados em sete cidades do estado, abrangem cerca de 21 horas de discussões sobre o futuro dos Estados Unidos, apresentando visões contrastantes sobre a Nação: uma abrangendo a vida, a liberdade e a busca da felicidade (a despeito da raça); e a outra enfatizando a necessidade do governo do e para o homem branco. Os encontros foram transcritos e reproduzidos em órgãos de imprensa por todo país, ajudando a popularizar o nome de Lincoln como uma alternativa entre os republicanos. Ainda que no final Douglas tenha vencido a eleição para o Senado, os encontros anteciparam a disputa presidencial de 1860, quando Lincoln e Douglas voltaram a se encontrar. Eles também anteciparam um estilo de debate político televisado que se tornaria a marca dos debates para eleições executivas pelo mundo afora.

Fonte: HOLZER, Harold (Org.). *The Lincoln-Douglas Debates*. The First Complete Unexpurgated Text. Nova York: Harper Collins, 1993.

A vitória de Lincoln na convenção republicana demonstrou o pragmatismo dos delegados ao apoiarem uma candidatura de centro, evitando a rejeição dos setores mais conservadores. A crítica de Lincoln à escravidão era menos pronunciada que a de Seward. Ele acreditava que uma casa dividida não poderia prevalecer e condenava a expansão da escravidão pelos novos territórios. Mas não defendia a abolição diretamente, considerando-a uma questão estadual.

Com Lincoln, o partido apelava para o enorme eleitorado dos estados do Norte e do Oeste, com poucas ilusões quanto ao desempenho eleitoral no Sul. A vitória dos republicanos se apoiaria numa maioria regional, uma vez que a quantidade de delegados do Norte e do Oeste era maior que a do Sul. Essa racionalidade eleitoral rompia com a tradição de grandes partidos biseccionais do segundo sistema partidário. Rompia, igualmente, com a lógica de sustentação da unidade nacional através de compromissos políticos.

Naquela época, as campanhas eleitorais eram empreendidas pelos cabos eleitorais. Os candidatos pouco saíam para se expor. Eram os cabos eleitorais que explicavam os pontos e faziam as negociações necessárias para angariar o apoio político. Eram eles que preparam os comícios, as festas e as bebedeiras que aglutinavam os eleitores no dia da votação. Eram eles que negociavam os cargos com as autoridades eleitas, um clientelismo aceito como normal pelo mundo político. Não foi diferente com Lincoln. A máquina do Partido Republicano aglutinou lealdades e a insatisfação com o Sul permitiu que as propostas ficassem claramente estabelecidas.

A divisão dos democratas, consequência da crise do Kansas, facilitou a eleição de Lincoln em novembro de 1860, levando os republicanos pela primeira vez à Casa Branca e, adicionalmente, derrotando seu antigo rival local, Stephen Douglas. A plataforma do candidato era relativamente moderada pelos padrões do debate político da época. Lincoln não se opunha à manutenção da escravidão nos estados onde ela existia, mas era claramente contrário à sua expansão para o Oeste, seguindo o programa básico dos republicanos. Essa plataforma desagradava algumas lideranças nortistas, que a consideravam por demais conservadora. Descontentava também muitos sulistas, que temiam que o poder do governo federal viesse a ser utilizado para coagi-los e, no médio prazo, obter uma reforma constitucional que abolisse a escravidão em todos os estados da União. Lincoln fez apelos ao Sul através das suas conexões whigs, mas

98 ESTADOS UNIDOS

nem mesmo a moderação demonstrada pelo presidente eleito logo após conhecidos os resultados da eleição foi capaz de convencer alguns sulistas a permanecerem na União.

Eleição de 1860

Candidato	Partido	Voto popular	Número de delegados
Abraham Lincoln	Republicano	1.866.352 (40%)	180
John C. Breckinridge	Democrata do Sul	874.953 (18%)	72
Steven A. Douglas	Democrata	1.375.157 (29%)	12
John Bell	União Constitucional	589.581 (13%)	39

Fonte: MOORE, John L.; PREIMESBERGER, John P.; TARR, David (Orgs.). *Congressional Quartely's Guide to U.S. Elections, Subsequent Edition*. Washington, DC: C. Q. Press, 2001.

A PRIMEIRA ONDA DE SEPARAÇÕES

A eleição foi seguida quase imediatamente pelo processo de secessão dos estados do Sul meridional. Num clima que misturou pânico, histeria e a extraordinária habilidade dos separatistas, convenção após convenção aprovaria a separação dos diversos estados, num movimento que, iniciado na Carolina do Sul, abrangeria os estados do Sul profundo para, em alguns meses, expandir-se para quase todos os estados da região. Entre dezembro de 1860 e fevereiro de 1861, a maioria dos estados do Sul meridional deixou a União para formar um novo país: os Estados Confederados da América. Uma república baseada na defesa da escravidão e na supremacia do homem branco.

O processo teve início na Carolina do Sul em dezembro de 1860. Repetindo o que acontecera em 1832, os políticos separatistas, conhecidos como "comedores de fogo" (*fire eaters*), eram maioria no estado e convocaram uma convenção de secessão que, dessa vez, aprovou a separação sem margem para negociações. Ao contrário do que ocorrera em 1832, a Carolina do Sul seria seguida pelos estados do Sul meridional. Montgomery no Alabama tornou-se a capital provisória da nova república, que era composta por sete estados: Carolina do Sul, Flórida, Geórgia, Alabama, Mississipi, Luisiana e Texas. Jefferson Davis, um senador pelo estado do Mississipi e ex-ministro da Guerra no governo do presidente Franklin Pierce (1853-1857), foi eleito presidente provisório dos Estados Confederados da América – uma efemeridade que duraria mais de quatro anos.

Imediatamente foi aprovada uma Constituição. O documento tomava como base a Constituição Federal dos Estados Unidos, com uma diferença: nele garantia-se que a posse de escravos não poderia ser proibida, estabelecendo-se que qualquer novo estado que passasse a ingressar na Confederação teria que assentir na manutenção do trabalho escravo. A escravidão negra seria reconhecida e protegida pelos poderes públicos e os cidadãos de outros estados teriam o direito de trazer seus escravos para as novas unidades que eventualmente fossem criadas a partir dos territórios anexados. Assim, mesmo um território que tivesse sido previamente livre da escravidão passaria a adotá-la tão logo fosse incorporado pela Confederação. Essas modificações eram centrais ao espírito da república que os separatistas tentavam fundar porque elas dirimiam quaisquer dúvidas sobre a legalidade da escravidão em estados e territórios, uma das grandes fontes de discordância no período anterior.

Nem todos os sulistas eram favoráveis à separação. Muitos ex-whigs votaram contra, assim como representantes de regiões nas quais o trabalho livre prevalecia. Lideranças como o futuro vice-presidente da Confederação, o georgiano Alexander Stephens, entendiam que os interesses da região estariam mais seguros no interior de uma unidade política mais ampla. Stephens, um grande proprietário rural, acreditava que seria possível negociar com Lincoln preservando a escravidão nos Estados Unidos, mas foi voto vencido na convenção do seu estado. Assim, o discurso separatista tirou proveito do clima de paranoia e o nacionalismo sulista construiu vínculos entre a nova separação e o processo de independência. Oitenta e cinco anos após o rompimento com a Inglaterra, os Estados Unidos entravam na sua maior crise institucional. A despeito da gravidade do momento, não estava claro como ela seria resolvida, ou seja, a guerra não era a única opção.

SAÍDAS PARA A CRISE

Alguns nortistas, como o editor do *New York Tribune* Horace Greeley, entendiam que o Sul deveria seguir o seu caminho. Que o Norte precisava simplesmente deixar os separatistas saírem, evitando tomar quaisquer medidas que levassem a uma guerra fratricida. Mas Greeley não explicava como ficaria a situação dos territórios no contexto da existência

100 ESTADOS UNIDOS

de duas repúblicas com concepções tão diferentes sobre a natureza do trabalho, estados que fatalmente entrariam em conflito pela posse dos territórios. Outros se empenharam em tentativas de reeditar os acordos políticos como forma de evitar a guerra. A mais famosa foi uma iniciativa de John Crittenden, senador pelo Kentucky, que propunha a volta do Compromisso do Missouri, com a escravidão permitida numa linha que seguia até a fronteira da Califórnia. A proposta, conhecida como Crittenden Compromisse, recebeu apoio dos membros moderados no senado, mas foi rejeitada por Lincoln. Os republicanos não estavam interessados em apaziguar os radicais no Sul, nem em delegar poderes a negociadores de outros partidos, antes que o novo governo assumisse em Washington.

Como a separação inicial envolveu apenas os estados do Sul meridional, essa limitação deixou estados importantes do Sul setentrional, como a Virgínia e o Tennessee, fora da nova república confederada. A Virgínia era o estado mais rico e populoso do Sul e seus recursos materiais e militares seriam fundamentais caso uma guerra fosse declarada entre as duas unidades. Com a Virgínia ainda na União, com suas fábricas e arsenais, a manutenção de uma Confederação enfraquecida era improvável. Não havia certeza, portanto, se a separação seria permanente, ou se poderia ser revertida através das forças unionistas ainda existentes na região e do impacto da permanência de vários estados escravistas ainda na União.

Além do Sul setentrional, quatro estados fronteiriços, Kentucky, Maryland, Delaware e Missouri, permaneceram na União. Em todas essas unidades, a escravidão era legalmente sancionada, mas suas lideranças aceitaram a proposta presidencial de não interferência, levando em conta, provavelmente, os riscos de tornarem-se campos de batalha. Muitas vezes, essa aceitação foi imposta pela presença de forças militares em apoio aos setores favoráveis à União, ou do adiamento permanente das convenções separatistas. A permanência dos chamados estados-tampões (*border states*) foi essencial à condução da guerra, pelo menos durante os primeiros dois anos, quando esses mesmos estados serviram como "cabeças de ponte" para a invasão do Sul.

Uma dificuldade adicional para conter o separatismo sulista foi o longo período decorrido entre a eleição e a posse do novo presidente. Lincoln foi eleito em novembro de 1860, mas somente tomaria posse em março de 1861. Enquanto isso, o país permaneceu governado por James Buchanan, um presidente democrata com poucas condições de conter o ímpeto separatista que afetava membros do seu próprio gabinete. Ainda que fosse o presidente da União, Buchanan estava em final de mandato, com capacidade limitada para impor condições aos radicais sulistas. Para piorar a situação, o governo de Buchanan era apoiado por muitos indivíduos favoráveis à separação. O presidente em exercício afirmou, em sua quarta mensagem anual ao Congresso, que o governo federal não poderia impedir a secessão pela força e que tentar fazê-lo seria inconstitucional. O discurso presidencial reforçava os argumentos das lideranças separatistas que usavam a Constituição a seu favor.

PRIMEIROS MOVIMENTOS

Lincoln finalmente tomou posse em 4 de março de 1861. O novo ministério era composto por antigos adversários. A historiadora Doris Kearns Goodwin definiu esse grupo como "um time de rivais", pois pelo menos três deles haviam disputado as primárias para a candidatura presidencial, inclusive William Seward, que foi indicado secretário de Estado. Mas também eram homens brilhantes que representavam as divisões políticas do Norte em toda a sua energia e criatividade. Lincoln acreditava que os mantendo mais próximos poderia controlar as desavenças no governo, além de unir as correntes republicanas em torno da administração num momento de crise. Outra questão colocada desde o início era a necessidade de distribuir cargos políticos. Como o Partido Republicano chegava ao poder federal pela primeira vez, a demanda por empregos públicos era grande, absorvendo uma parte não desprezível das energias do governo para reforçar a lealdade de seus correligionários. Cargos essenciais no serviço dos correios ou na coletoria das alfândegas precisavam ser indicados logo, deixando clara a distribuição do poder político no novo governo.

Enquanto o novo ministério tomava posse e os empregos eram distribuídos, o governo tentava definir uma linha de ação para lidar com os estados rebeldes. O discurso de posse de Lincoln apontava na direção da conciliação, enfatizando que a união dos estados era perpétua e indissolúvel. Foi um discurso contemporizador que apelou para símbolos e imagens da herança cívica da República. Ao final Lincoln apelava "aos melhores anjos da nossa natureza", os quais dilatariam o coro pela União. Era necessário definir se os Estados Unidos constituíam um governo propriamente dito ou se resultavam apenas de uma associação de estados por simples contrato, passível de dissolução, tal como afirmavam os rebeldes sulistas.

102 ESTADOS UNIDOS

Lincoln argumentava que a União era mais antiga que a Constituição, datando dos Artigos da Associação que precederam a Independência. O novo presidente também sustentava a inconstitucionalidade da separação. Ele entendia que uma vez permitido o desmembramento da República, não havia razão que interrompesse novos processos separatistas que fragmentariam ainda mais o território, criando querelas entre os novos Estados nacionais que passariam a existir. Esses conflitos seriam muito mais difíceis de resolver por tratar-se de disputas entre países independentes. Dessa forma, a experiência republicana dos Estados Unidos seria destruída por interesses particularistas que acabariam por aniquilar as liberdades pessoais. Dessa perspectiva, a separação se opunha à experiência do excepcionalismo americano que Lincoln tanto prezava no seu nacionalismo místico. Por fim, o presidente afiançava aos sulistas que não atacaria os revoltosos. Que se houvesse guerra, ela só ocorreria se os rebeldes se tornassem os agressores. Ele cumpriu essa promessa.

OPERAÇÕES INICIAIS

Um dos pontos-chave do processo de separação no final de março de 1861 dizia respeito à posse de fortalezas e estaleiros federais nos estados do Sul. A União tinha titularidade sobre essas edificações que vinham sendo sistematicamente apropriadas pelos governos rebeldes, sem consulta ou permissão. Entre os bens da União que ainda não haviam sido tomados pelos estados rebeldes quando Lincoln assumiu encontrava-se o forte Sumter, situado na entrada da baía de Charleston, na Carolina do Sul. Tratava-se de uma localização estratégica por controlar a passagem para a capital do centro da rebelião. Ali o comandante recusou-se a entregar o forte aos confederados e manteve a guarnição em prontidão. Como os suprimentos daquela fortaleza estavam para acabar, Lincoln anunciou que enviaria um navio para abastecê-la, de forma que a guarnição pudesse prosseguir preservando a fortaleza. Essa ação defensiva foi além do que os sulistas podiam aceitar. Em 12 de abril de 1861, baterias da milícia da Carolina do Sul, com a concordância do governo confederado, abriram fogo contra o forte. Dois dias depois, ainda sob fogo pesado, as forças leais em Sumter se renderam.

O ataque colocou o Sul como agressor e galvanizou a população do Norte em torno do presidente, possibilitando a Lincoln convocar 75 mil voluntários para um período de 90 dias, após os quais se esperava que os estados confederados voltassem para a União. Os primeiros chamados por voluntários encontraram respostas entusiasmadas tanto no Norte como Sul. Muitos jovens afluíram aos centros de recrutamento esperando tomar parte nas batalhas antes que a guerra acabasse. Para esses voluntários, a participação na campanha soava como uma aventura. Eles se sentiam suficientemente motivados para seguir amigos, parentes ou pessoas proeminentes das suas localidades que organizavam batalhões. O ataque também levou a uma segunda onda de separações envolvendo os estados do Sul setentrional, uma perda dolorosa para um governo que recém-iniciava (ver Mapa 4). Mas os estados-tampões permaneceram, a despeito de a agitação separatista ter aumentado na região. Dessa maneira, a União continua uma minoria de estados escravagistas cujas lealdades dependiam da não interferência federal na escravidão.

Mapa 4 – Secessão dos estados do Sul, janeiro-junho 1861

A secessão dos estados do Sul ocorreu em duas ondas.
A primeira entre dezembro de 1860 e fevereiro de 1865;
a segunda entre abril e junho do mesmo ano.

104 ESTADOS UNIDOS

O entusiasmo inicial era embalado por ideais românticos de glória e coragem, além das concepções cívicas de pátria e religião. Mas a guerra não seria rápida, nem se limitaria apenas a trazer de volta os estados rebelados tal como as lideranças da União imaginaram. A brutalidade do conflito com seu número imenso de mortos e incapazes dissolveria os ideais de bravura que prevaleceram no começo. Tinha início o mais sangrento conflito enfrentado pelos Estados Unidos, uma campanha militar diferente de todas as guerras anteriores, cujas consequências remodelariam o país em termos econômicos, políticos e raciais. E cujo número de mortos superaria tudo que os EUA haviam enfrentado até aquela época. Ou seja, a guerra foi inicialmente travada a partir de valores e objetivos tradicionais. A despeito dessa circunstância, a prática da campanha a partir da extensa mobilização, do uso da capacidade industrial, do crescimento de uma identidade nacional e do conhecimento obtido a partir dessas experiências tornou-se o pré-requisito essencial da grande transformação que a República enfrentaria ao longo dos quatro anos seguintes.

CRIANDO EXÉRCITOS PARA OS PRIMEIROS COMBATES

Devido à sua posição isolada no continente americano, os Estados Unidos não foram ameaçados por inimigos poderosos durante os primeiros 80 anos como nação independente. Houve as guerras de 1812 e de 1846, além de escaramuças contra os franceses, é verdade. Mas não se consolidou uma sensação de insegurança que justificasse a criação de um exército poderoso. As poucas tentativas, como de Hamilton na década de 1790 e dos nacionalistas pós-1815, não encontraram apoio na sociedade. Essas circunstâncias inibiram o surgimento de força armadas de grande porte ou a instituição do recrutamento obrigatório, tal como praticado em países como a França e a Prússia. Os agricultores, ocupação comum aos recrutas, eram ligados a partidos políticos ou associações cívicas e qualquer medida mais violenta na direção do seu recrutamento forçado teria levado a protestos e à impopularidade das autoridades que se aventurassem a fazê-lo.

Por seu lado, os habitantes dos Estados Unidos possuíam pouco apreço por instituições militares profissionais. Elas os lembravam dos piores aspectos dos regimes monárquicos da Europa, especialmente no que dizia respeito à perda da liberdade individual e ao autoritarismo da hierarquia militar. O seu exército era, então, pequeno, cerca de 15 mil soldados, a maioria estacionados nas fronteiras em guarnições que controlavam os indígenas. A academia militar de West Point refletia essa falta de especialização, uma vez que formava principalmente engenheiros militares, muitos dos quais acabavam trabalhando para a iniciativa privada, principalmente nas ferrovias que se multiplicavam ao longo do território. A carreira do oficial militar não era promissora: anos estacionado em fortalezas, promoções lentas, salários relativamente baixos em relação ao mercado. Havia pouco que atraísse jovens ambiciosos para o serviço e menos ainda que os mantivesse ali por períodos longos quando a fronteira oferecia terra abundante e barata.

O principal vínculo entre os cidadãos e o serviço militar era a Guarda Nacional. A Guarda, uma herança da milícia colonial, era organizada por estado. Podiam participar todos os cidadãos, isto é, todos os brancos adultos que pudessem votar nas eleições. Nessas organizações voluntárias, os soldados elegiam seus oficiais. A Guarda, portanto, era vinculada à política local e comandada pelos governadores de estado, carecendo de uma disciplina militar propriamente dita. Ela dependia do compromisso dos cidadãos armados que podia ser mais alto em época de perigo, mas normalmente era pouco imperativo até mesmo por falta de tempo. O próprio Lincoln chegou a integrar uma companhia durante a guerra contra a tribo Sauk, uma campanha militar conhecida como Guerra de Black Hawk em referência ao líder guerreiro daquela nação indígena, em Illinois em 1832. Posteriormente, o futuro presidente foi eleito capitão, retornando à vida civil após o fim do conflito.

Muitas críticas eram feitas à incapacidade da Guarda, mas nenhuma medida prática foi tomada no período entre a Independência e o início da Guerra Civil para reformá-la de forma efetiva. Sabia-se que era ineficiente, mas poucos políticos arriscavam-se a propor medidas impopulares de alistamento militar ou de gastos públicos com as forças armadas. Apenas a marinha era objeto de alguma preocupação mais forte devido aos avanços tecnológicos proporcionados pela energia a vapor e pela importância associada à defesa do comércio marítimo.

Os Estados Unidos também não apresentavam dinastias militares, isto é, famílias nas quais todos os homens mantinham uma tradição de serviço passando de geração em geração, que era um fato comum na Europa. Essa circunstância não impediu que o Sul concentrasse algumas das principais vocações militares, particularmente nas figuras dos generais Robert

106 ESTADOS UNIDOS

Lee, Howell Cobb, John Hood, Stonewall Jackson e James Longstreet, entre outros. A tradição militar do Sul relacionava-se ao expansionismo e ao medo das revoltas escravas. A liderança militar do Sul era mais facilmente identificável, enquanto no Norte o presidente Lincoln procurou, sem sucesso, um líder militar através de um processo de tentativa e erro que duraria quase dois anos. O exército do Norte também possuía um número não desprezível de oficiais políticos. Tratava-se de indivíduos que através de indicações obtinham comissões como oficiais. Alguns eventualmente se tornaram bons militares, mas essa não foi geralmente a regra.

General Robert E. Lee

The Library of Congress Prints & Photographs Online Catalog, 1864.

Comandante dos exércitos do Norte da Virgínia, Lee impediu o avanço das tropas da União naquela região durante mais de dois anos.

PROPÓSITOS

No que diz respeito às metas, os objetivos militares de cada um dos lados eram bastante distintos. O Sul não precisava vencer a guerra para prevalecer, bastando que suas forças detivessem os exércitos invasores do Norte por tempo suficiente para causar um conflito político interno na União, que criasse dissenso na sociedade nortista, uma agitação que levasse ao reconhecimento da independência da Confederação. O Sul contava com o apoio de grupos mais conservadores do Norte ou de setores econômicos vinculados à economia escravista.

Outra esperança dos sulistas encontrava-se na possibilidade do reconhecimento diplomático, principalmente de monarquias como a França e a Inglaterra. O Sul, como maior produtor de algodão do mundo, esperava que a escassez do produto levasse a alguma forma de intervenção no sentido de levantar o bloqueio naval estabelecido pela União tão logo as fábricas e armazéns europeus estivessem vazios. Esse bloqueio, declarado pelo governo dos EUA logo no início das operações, passou a ser efetivo a partir do segundo ano da guerra.

O algodão era a matéria-prima fundamental da Revolução Industrial em curso. Sua importância podia ser aferida pela expressão "*king cotton*" (algodão rei), como muitos sulistas se referiam a sua principal cultura. Milhões de escravos cultivavam o algodão, um desenvolvimento acelerado pela invenção do descaroçador mecânico (*cotton gin*) por Eli Whitney, em 1793, que barateou enormemente a produção, permitindo uma expansão da área agrícola.

As elites inglesa e francesa entediam a importância de "*king cotton*" para suas economias. A escassez de algodão poderia paralisar a indústria têxtil, levando ao aumento do desemprego. Mas especialmente na Inglaterra, o reconhecimento era combatido pela opinião pública, sobretudo pela classe operária. Esta ainda não tinha o voto, mas podia se amotinar contra o governo se esse apoiasse o lado escravista da contenda. O temor de uma reação intensa por parte de operários e estivadores paralisou os movimentos na direção do reconhecimento diplomático, deixando a Confederação cada vez mais isolada.

Quando a guerra começou, o objetivo de Lincoln era a reunificação da República tal como existira até então. A estratégia inicial das forças da União não incluía a abolição da escravatura ou o alistamento de negros. Muitos republicanos e seus aliados no Partido Democrata do Norte viam a guerra como uma contenda pela União, rejeitando as posições abolicionistas. Essas lideranças preocupavam-se com uma opinião pública pouco aflita com a situação dos escravos ou com o processo de transformação dos negros em combatentes.

Sendo o serviço militar um atributo da cidadania, a elevação dos negros à posição de combatentes pareceria comprometer as distinções raciais que também eram intensas nos estados leais. Assim, muitos soldados se dispunham a lutar pela restauração da União, mas não necessariamente pela abolição. A permanência dos estados-tampões também moderava a política presidencial em relação à abolição. Caso o governo federal radicalizasse sua proposta, era possível que esses estados abandonassem o Norte à própria sorte já que a escravidão era uma instituição legal e garantida por lei naquelas unidades da federação.

O próprio Lincoln, durante os primeiros dois anos, parece ter acreditado na possibilidade do retorno dos estados do Sul, a partir da iniciativa dos grupos favoráveis à União que existiam na região. Esses grupos eram compostos majoritariamente por antigos correligionários whigs, cujas relações pessoais parecem ter sido subestimadas pelo presidente. A não interferência na escravidão constituía um dos pilares da política oficial. E a estratégia militar procurou, quando possível, assegurar aos sulistas o respeito aos seus direitos de propriedade em escravos na esperança de que alguns deles abandonassem a Confederação. Uma batalha decisiva, acreditavam os legalistas, ajudaria a convencer os sulistas a voltarem ao bom caminho. Dessa perspectiva, a União seria restabelecida sem mudanças fundamentais nas suas estruturas socioeconômicas e a um custo relativamente baixo tanto em recursos financeiros quanto em vidas.

O escravo Gordon ou "*Whipped Peter*"

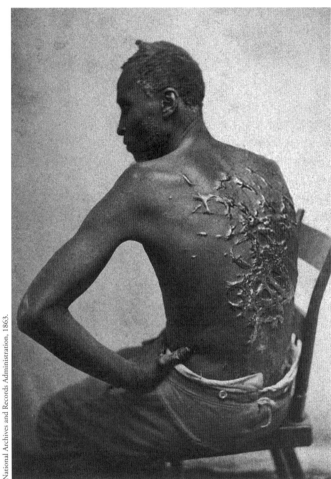

Esta foto tornou-se o principal cartão de visitas dos abolicionistas devido à extensa comprovação das injúrias infringidas pelos escravocratas, tal como comprovado pelas cicatrizes nas costas.

OS ESFORÇOS DE GUERRA

Os soldados de ambos os lados procediam, principalmente, do campo. Eram voluntários que acreditavam que a guerra acabaria logo e sua causa prevaleceria sem grandes traumas. Dessa perspectiva, o sucesso nos combates dependeria da coragem e valor demonstrados quando em ação. Ambos os lados acreditavam defender as tradições políticas norte-americanas. A maioria vinha de pequenas vilas e cidades das quais raramente haviam se distanciado durante suas curtas existências. Essa circunstância tornava-os particularmente sensíveis a epidemias, comuns em grandes aglomerações. As péssimas condições sanitárias dos acampamentos ceifaram as vidas de muitos jovens antes que tivessem a chance de lutar.

A quase totalidade das levas iniciais era composta por brancos voluntários que se associavam às Guardas Nacionais dos seus estados e dali eram enviados para grandes acampamentos. Eles serviam em batalhões não federalizados, que adicionavam números aos nomes estaduais. Portanto, havia preferência de servir com conhecidos sob o comando de líderes locais, pessoas de prestígio e influência em suas comunidades. Isso dava aos regimentos um caráter localista, mesmo num exército de grandes proporções. Portanto, os batalhões conformavam verdadeiras ilhas de comunidades. Ao longo da guerra, essa proveniência branca, protestante e rural foi mudando entre os exércitos do Norte, com a entrada gradual de imigrantes e dos habitantes das grandes cidades, como Nova York e Filadélfia, e, finalmente, com a aceitação do negro como combatente, após a abolição.

Entre os sulistas também prevalecia a organização miliciana dos regimentos. Inicialmente, os voluntários confederados deveriam servir por apenas um ano. Eles seriam organizados em regimentos por estado, com oficiais eleitos pelos soldados e confirmados pelos governadores. Os generais de brigada seriam designados pelo presidente. No Sul não chegou a haver propriamente um exército centralizado. Dada a forte descentralização da Confederação, os exércitos respondiam às ordens dos estados-membros e muitas vezes era difícil mobilizá-los para lutar em outros teatros.

O presidente Jefferson Davis sofreu muito com esse problema, principalmente nas suas relações com o governador da Geórgia, Joseph E. Brown, cujo ímpeto localista boicotou muitas medidas militares, particularmente quando a transferência pareceu necessária para responder a uma ameaça mais grave de invasão. A inflexibilidade da liderança de Davis ajudou a isolá-lo politicamente em Richmond, afetando até mesmo sua saúde. Já suas relações com as lideranças militares parecem ter sido melhores, uma vez que o presidente confederado entendia a linguagem da caserna.

A Confederação também sofria com outros problemas logísticos e econômicos. Com uma população quase duas vezes menor que a do rival e sem poder usar os escravos como combatentes (por razões óbvias), os confederados precisaram criar uma lei do recrutamento compulsório em abril de 1862 para lidar com as desvantagens no número de combatentes. A lei foi impopular porque, além de contrariar as orientações localistas da região, logo ficou claro que penalizaria os setores mais pobres, incapazes de pagar uma taxa de isenção ou de arrumar substitutos. Essa situação lentamente comprometeu a aliança entre os grupos escravocratas e os setores brancos não proprietários que não podiam ajudar suas famílias nas fazendas e viam suas poucas economias deteriorarem-se em função do fiasco econômico da Confederação.

No que se refere à produção para a guerra, os confederados partiram com uma grande desvantagem porque a Confederação possuía apenas 12% da capacidade industrial dos estados da União. A produção dos estados do Norte era ainda mais desproporcional ao Sul quando se considera algumas atividades particularmente vitais à capacidade de empreender a guerra. De acordo com o censo de 1860, os Estados Unidos possuíam 11 vezes mais navios, produziam 15 vezes mais aço, 17 vezes mais roupas, 24 vezes mais locomotivas e 32 vezes mais armas de fogo. A União tinha uma densidade de trilhos por milha quadrada duas vezes maior que a da Confederação, a qual podia transportar um volume de cargas várias vezes maior que a malha confederada (ver Mapa 5).

Mapa 5 – Linhas ferroviárias das duas regiões

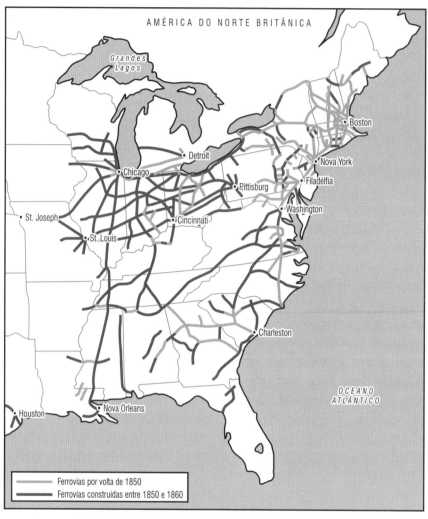

A malha ferroviária do Norte era muito maior que a do Sul.
A diferença aumentou ainda mais durante a década de 1850,
quando o desenvolvimento industrial da região ampliou o alcance das ferrovias.

Ao longo da guerra, a economia sulista ressentiu-se da falta de material bélico que a ausência de comércio limitou substancialmente. Com uma capacidade industrial bastante limitada e sem uma malha ferroviária abrangente, o Sul precisou improvisar sem sucesso. Tanto armas como cavalos e uniformes logo se tornaram escassos. Os soldados, utilizando uniformes velhos e muitas vezes rasgados, viviam em farrapos. As rações dos soldados pioraram ao longo do tempo a despeito da prioridade dada ao exército. Essa situação levou a um aumento do número de desertores que se escondiam nas matas e pântanos. A deserção acelerou à medida que o Sul entrava em colapso.

Os escravos constituíam uma considerável percentagem da força de trabalho nos estados confederados. Ao permanecerem nas fazendas, pelo menos inicialmente, eles permitiram que os homens brancos fossem liberados para o exército. Mas os escravos trabalhavam principalmente na produção de algodão e outros produtos de exportação, portanto o seu trabalho afetava pouco as culturas cultivadas para o consumo doméstico. Com uma parte considerável da população masculina alistada, faltavam braços para a lavoura e diminuía a produção de alimentos. Com a produção de alimentos direcionada prioritariamente para os soldados, os civis começaram a relatar episódios de fome, que o governo central tinha dificuldade em combater. Essas ocorrências contribuíram para minar a popularidade de Davis e de seu governo, particularmente nas regiões nas quais o trabalho escravo não era central para a economia. Outra dificuldade adicional era a do apoio aos refugiados que escapavam do avanço nortista e que começaram a chegar às principais cidades em números cada vez maiores à medida que o avanço da União se fazia irresistível. Esses grupos eram geralmente mal recebidos em cenários nos quais a escassez já afetava a vida dos moradores.

No decorrer da guerra, a falta de flexibilidade de Jefferson Davis tornou-o um alvo preferido dos políticos e dos jornalistas dos estados rebeldes. A impopularidade se agravava pela falta de partidos políticos no Sul. Os partidos, na história norte-americana, funcionaram normalmente como um anteparo aos ataques contra o governo. Como a secessão resultou, em parte, do desaparecimento do segundo sistema partidário, e levando em conta que nenhum sistema novo ocupou esse vácuo na Confederação, a política do Sul se viu cada vez mais faccionalizada. Os ataques pessoais visavam principalmente ao presidente, cuja base de apoio se dissolvia nos estados. A ausência dos partidos e a rarefação das eleições, em função da situação militar delicada, impediram Jefferson Davis de ter uma ideia melhor sobre a evolução do estado de ânimo confederado. A imprensa no Sul permaneceu livre, mas sem eleições ficava mais difícil entender o ânimo da opinião pública.

114 ESTADOS UNIDOS

A ausência de comércio e os gastos crescentes com a guerra levaram a uma inflação descontrolada. O bloqueio naval impediu lentamente a realização de trocas na quantidade necessária ao abastecimento de armas, botas, roupas e todo o equipamento dos soldados. Rotas foram estabelecidas através do norte do México, mas elas não substituíam o intenso comércio atlântico que a região desenvolvera antes da guerra. Por outro lado, como o comércio sulista normalmente era feito pela marinha do Norte, os poucos barcos disponíveis não eram páreo para os da marinha *yankee*. Alguns conseguiram romper o bloqueio e ganhar pequenas fortunas, mas tratava-se de uma ação isolada e arriscada. Lentamente, a economia foi sendo estrangulada e o governo apelou para requisições que tencionaram as relações com os governadores e com a população civil. Entre essas requisições, destacou-se a de escravos para o serviço de apoio à guerra.

Se os escravos não foram usados diretamente como soldados, isso não impediu que eles trabalhassem no esforço de guerra confederado: cavando trincheiras, capinando os acampamentos, cozinhado para os soldados, montando barracas e em outras tarefas não combatentes, mas essenciais à vida militar. À medida que o conflito avançava em terras sulistas, muitos escravos foram dirigidos para o trabalho de fortificações e trincheiras. Essas atividades criavam, diversas vezes, problemas entre os senhores e o governo porque as requisições geralmente eram pagas com o dinheiro desvalorizado emitido no Sul ou com créditos que raramente eram descontados. O governo apelava para os sentimentos patrióticos dos escravocratas, mas esse patriotismo era limitado pelos interesses imediatos dos donos de escravos, tornando essa uma área sensível de conflitos entre o senhoriato rural e o Estado que proclamava defendê-los. O trabalho escravo foi um aspecto central do esforço de guerra confederado até que fugas em massa começaram a comprometê-lo.

No Norte, a economia beneficiou-se de uma série de medidas que ajudaram no desenvolvimento econômico, uma pauta que vinha desde a era federalista e que foi finalmente executada por um governo federal cada vez mais comprometido com as necessidades de suas forças armadas. Leis de proteção à indústria, como o *Morris Act*, possibilitaram a expansão fabril que já vinha estimulada pela produção para a guerra. Leis de incentivo à rede ferroviária impeliram à expansão da malha através de subsídios federais. O *College*

Grant Act permitiu o surgimento de uma rede de universidades estaduais em áreas rurais criando o primeiro sistema público de educação superior. Finalmente, o *Homestead Act* liberou o acesso às terras da União por preços módicos, regulamentando a forma como as terras do Oeste seriam incorporadas e democratizando o acesso dos colonos. O Estado passou a imprimir notas de dólar em papel, as *greenbacks*, centralizando a emissão e lastreando a moeda de forma a uniformizá-la e garantir a circulação de dinheiro em notas com valor lastreado em ouro. As transformações constituíram uma pequena revolução nos estados do Norte, abrindo o caminho para o desenvolvimento de um capitalismo cada vez mais agressivo. Ao longo da campanha, o grande capital e a perspectiva reformista se aliaram de uma forma que só seria vista novamente no século XX durante o combate à Grande Depressão.

Essas condições derivaram dos estímulos econômicos e comerciais que a mobilização para a guerra possibilitou. A expansão foi acompanhada de inflação, mas as oportunidades criadas minimizaram os impactos da desvalorização da moeda através da abertura de oportunidades e das possibilidades de ascensão social que se multiplicavam com a dinamização da economia. A falta de braços não prejudicou a agricultura. Uma crescente mecanização aliada à chegada de imigrantes impeliu um desenvolvimento rápido da produção de cereais que supriu as necessidades da população. O crescimento da produção permitiu o aumento das exportações para a Europa, fortalecendo os vínculos econômicos com o Norte. Safras particularmente produtivas melhoraram a balança de pagamentos nas trocas internacionais.

Por seu turno, o sistema político do Norte se manteve competitivo e bipartidário. O calendário eleitoral foi mantido em todos os níveis. Apesar de enfraquecido pela separação da sua porção sulista, o Partido Democrata constituía uma minoria não desprezível, controlando várias áreas dos estados leais, inclusive a maior cidade do país. Aos poucos, o partido se dividiu em dois grupos: os democratas favoráveis à continuidade da guerra, que geralmente votavam com os republicanos; e os democratas pacifistas, também conhecidos como *copperheards*, nome alusivo a uma espécie de serpente naja comum na costa leste.

A realização periódica de eleições permitiu que Lincoln e seus liderados compreendessem melhor a dimensão dos dilemas enfrentados pelos republicanos durante a guerra. O Partido Republicano era

116 ESTADOS UNIDOS

o partido da guerra e sem a sua estrutura dificilmente os governantes poderiam ter mantido o esforço para recrutar e equipar os soldados. Portanto, a evolução do conflito relacionou-se fortemente ao andamento dos negócios políticos, sobretudo através das eleições para governadores de estado e legislativos estaduais. O Partido Republicano, atuando nos estados, contribuiu para manter a lealdade de uma parte significativa da população do Norte.

No decorrer da guerra, não houve mudanças nas relações diplomáticas, com exceção das chancelarias da Inglaterra, da França e do Brasil, que reconheceram um estado de beligerância entre as duas partes. As repúblicas latino-americanas mantiveram-se ao lado de Lincoln, assim como os governos da Rússia, Espanha e Portugal. As relações anglo-americanas sofreram alguns abalos principalmente devido ao abrigo dado pelos ingleses a navios sulistas. Esses navios, conhecidos como "furadores de bloqueio", também praticavam pirataria contra navios mercantes da União, muitas vezes utilizando-se de portos nas possessões britânicas no Caribe para atacar as rotas comerciais mais comuns. Mas mesmo no Brasil, houve conflitos com a captura do corsário confederado Florida pela marinha da União na baía de Todos os Santos, em Salvador. O bloqueio não contribuía para melhorar as relações com os importadores de algodão. Até que o aumento da produção de áreas como o Egito, o Irã e a Índia lentamente substituíram o grosso das importações provenientes do Sul, aliviando a pressão das indústrias têxteis.

Por seu turno, possivelmente aproveitando-se do enfraquecimento diplomático norte-americano, a Monarquia francesa, comandada pelo imperador Napoleão III, enviou tropas que depuseram o governo liberal de Benito Juárez no México. Ato contínuo, os franceses apoiados pelos conservadores locais, instalaram o imperador Maximiliano da Áustria no trono mexicano. Benito Juárez fugiu para o norte do México, de onde comandou a resistência contra os invasores durante os quatro anos seguintes. A guerra civil que se seguiu, e que duraria até 1867, não melhorou as relações franco-americanas. Duas Repúblicas do hemisfério norte estavam envolvidas em sangrentas guerras civis. A mexicana terminaria com o fuzilamento de Maximiliano e a derrota definitiva dos conservadores. Mas a reação dos reformistas só se viabilizaria após a reunificação dos Estados Unidos, que assegurou o apoio *yankee* aos liberais mexicanos.

CANSAÇO

Pouco a pouco, o sistema voluntário que predominava no Norte mostrou suas limitações. Com a guerra se estendendo para muito além das previsões iniciais e com uma economia em crescimento acelerado, ficou cada vez mais difícil obter voluntários. Além disso, notícias vindas do teatro da guerra, além de fotos e desenhos publicados em jornais, mostravam a frequência das mortes. Essa exposição não contribuía para dinamizar o entusiasmo. Temendo uma escassez de voluntários, Lincoln conseguiu que o congresso aprovasse uma lei de recrutamento obrigatório em março de 1863. Mas as prescrições dessa lei tinham implicações sérias para os mais humildes, transformando o conflito numa guerra do homem rico, mas numa luta do homem pobre.

As reações não tardaram: motins e conflitos em vilas e cidades. Nova York teve a maior revolta contra o recrutamento, paralisando a cidade durante três dias em julho de 1863. Nos estados do Meio-Oeste, os delegados federais responsáveis pelo recrutamento eram atacados por multidões furiosas. Trinta e oito delegados federais foram assassinados ao desempenharem funções ligadas ao recrutamento. Aos poucos, o governo federal foi diminuindo as demandas por alistamento obrigatório, substituindo-as por gratificações e incentivos financeiros, que se mostraram uma estratégia mais adequada para obter novos recrutas ou para convencer os veteranos a permanecerem nas suas unidades por mais tempo do que seus contratos iniciais determinavam.

A MARCHA DA GUERRA

O primeiro grande confronto entre as forças da União e os confederados ocorreu próximo a Washington em agosto de 1861. A primeira Batalha de Bull Run resultou numa vitória incontestável da Confederação. Bull Run foi uma ação que revelou o desconhecimento dos comandantes sobre as características de uma guerra moderna. Os oficiais do Sul prevaleceram porque souberam utilizar os suprimentos de uma forma mais inteligente, dispersando os oponentes que correram em debandada de volta para a capital. Os comandantes confederados foram muito criticados por não perseguirem os fugitivos até Washington. Mas os soldados dos dois lados terminaram a batalha esgotados e muito dificilmente os confederados teriam forças para perseguir uma vitória mais completa.

Esse revés marcou o início de uma organização mais precisa da estratégia da União. O comando militar detalhou o plano Anaconda, que previa o bloqueio marítimo e as campanhas principais nos teatros da Virgínia e do Mississipi com dois exércitos diferentes. O objetivo era estrangular a Confederação, simultaneamente separando suas regiões de forma que os sulistas solicitassem termos de rendição. Os planejadores dessa estratégia pensavam numa guerra de objetivos limitados, que seria capaz de trazer o Sul de volta sem grandes mudanças na sua estrutura socioeconômica.

Lincoln nomeou o renomado general George McClellan para comandar as forças invasoras estacionadas no norte da Virgínia. McClellan revelou-se um bom organizador e disciplinador de exércitos, mas não se tratava exatamente de um comandante capaz de levar suas forças à vitória. Quando em combate, ele normalmente hesitava em atacar o inimigo de frente por receio do número de baixas, preferindo sempre tentar manobrar. Após muita insistência, McClellan iniciou uma campanha na Virgínia em maio de 1862. A famosa campanha da península consistia numa tentativa de tomar a capital, Richmond, a partir de um desembarque anfíbio na retaguarda. O plano era ambicioso, mas sua execução novamente mostrou falta de arrojo e coordenação. As muitas hesitações do comandante determinaram o fracasso da operação. Por seu lado, o Sul despontava com dois grandes generais, Robert Lee e Stonewall Jackson, que não deram trégua aos atacantes até empurrá-los de volta praticamente ao ponto de partida, chegando a ameaçar mais uma vez a segurança de Washington.

A derrota na campanha da península moldou o entendimento de Lincoln de que o Sul só voltaria se medidas mais drásticas fossem tomadas para sufocar a rebelião. Uma das grandes mudanças da guerra estava para ocorrer.

ABOLIÇÃO E GUERRA TOTAL

Em meados de julho de 1862, a opinião pública nos estados do Norte inclinou-se por medidas mais drásticas contra o Sul, especialmente no que se refere à libertação dos escravos e à expropriação das propriedades abandonadas nas áreas confederadas. A afluência de centenas de milhares de escravos aos acampamentos dos soldados da União descortinou para muitos observadores as injustiças da escravidão. Os debates travados no Congresso durante a 37ª legislatura registraram a intensidade dessa mudança.

Por outro lado, o grande número de baixas aumentou o ressentimento contra os sulistas. Refletindo essas transformações, a administração federal tomou novas iniciativas que obedeciam à mudança nos rumos da campanha. Em 16 de abril, Lincoln assinou um decreto finalmente abolindo a escravidão no distrito de Colúmbia. Por volta de julho de 1862, a liderança republicana claramente favorecia a emancipação, mesmo que fosse justificada como uma medida de guerra. A enxurrada de leis reformistas daqueles poucos meses foi associada à capacidade da liderança republicana de aprender com a experiência, possivelmente uma das grandes qualidades dessa geração. Os contínuos reveses nos campos de batalha convenceram Lincoln de que a emancipação seria uma arma adequada para derrotar os confederados.

A legislação progressista fez parte de uma transformação profunda na justificativa da guerra, que passou a ser orientada pelo objetivo da destruição das bases do poder oligárquico sulista. A emancipação e o eventual recrutamento de soldados negros não constituíram eventos pré-ordenados; antes, evoluíram das próprias necessidades criadas pela guerra. A demanda insaciável de soldados por parte do exército da União, a mudança de atitude dos nortistas em relação ao recrutamento de negros e o reconhecimento da escravidão como a questão central do conflito forçaram a administração republicana a posicionar-se em favor da abolição.

Lincoln calibrou sua conduta das operações militares de acordo com a interseção entre preocupações militares e posicionamentos políticos, movendo-se além dos objetivos aos quais se encontrou inicialmente restrito para assumir a emancipação como um ponto essencial à vitória militar. Paralelamente, essa transformação desempenhou um papel crucial para o crescimento da autoridade do governo central, especialmente no que se referia à manutenção de um enorme exército. As tarefas do recrutamento foram pouco a pouco sendo retiradas do controle dos governadores e passando para o próprio secretário da Defesa, operando com uma rede de delegados federais. O cidadão comum nunca, até então, havia sentido tão próxima a presença do governo central.

No início de setembro de 1862, soldados da União encontraram casualmente os planos de batalha confederados. O general Lee pretendia

120 ESTADOS UNIDOS

invadir Maryland e forçar o cerco sobre Washington. Se bem-sucedida, a manobra sulista poderia levar ao reconhecimento da Confederação e pôr fim à guerra. As forças unionistas ainda comandadas pelo indeciso McClellan encontraram os exércitos confederados próximos ao córrego Antietam. A batalha que se seguiu, e que leva o nome do córrego, constituiu um dos momentos decisivos da guerra. Travou-se uma gigantesca luta campal na qual os exércitos confederados tiveram que se retirar. A despeito da vantagem, que poderia ter resultado na destruição das forças comandadas por Lee, McClellan não o perseguiu. Dessa vez, a indecisão resultou na perda do cargo de comandante.

Tecnicamente, a Batalha de Antietam foi um empate. Mas o fato de que o exército confederado retrocedeu permitiu a Lincoln declarar uma vitória. As forças de Lee nunca mais chegariam tão perto de Washington. Com uma vitória para chamar de sua, Lincoln pôde fazer a proclamação em setembro de 1862, que determinava que a menos que os rebeldes depusessem suas armas até 1º de janeiro de 1863, seus escravos seriam considerados livres (ver quadro). Os estados-tampões e outras áreas que contavam com uma população "de senhores de escravos leais" ficaram excluídos da proclamação. A declaração libertava principalmente os escravos que residiam nos estados que se encontravam fora do controle da União, mas os fugitivos foram beneficiados. Além disso, a emancipação impediu o reconhecimento diplomático da Confederação.

PROCLAMAÇÃO DA EMANCIPAÇÃO (1º DE JANEIRO DE 1863)

No dia 22 de setembro de 1862, o presidente dos Estados Unidos anunciou o seguinte:

Que no dia 1º de janeiro de 1863, todas as pessoas mantidas como escravas dentro de qualquer estado ou de uma parte designada de um estado, cujo povo estivesse em rebelião contra os Estados Unidos, fossem dessa data em diante, e para sempre, livres; e o poder executivo dos Estados Unidos, incluindo sua autoridade militar e naval, reconhecerá e manterá a liberdade dessas pessoas e não executará nenhum ato ou atos com o fim de reprimir-lhes os esforços para obter sua verdadeira liberdade [...].

Agora, porém, eu, Abraham Lincoln, presidente dos Estados Unidos, em virtude do poder que me foi conferido como comandante em chefe do exército e da marinha dos Estados Unidos em época de rebelião armada contra a autoridade e o governo dos Estados Unidos, e como medida adequada e necessária para sufocar a dita rebelião, neste primeiro dia de janeiro de 1863, e de acordo com o meu propósito, publicamente proclamado durante o pleno período de cem dias a partir do primeiro dia acima mencionado, ordeno e designo como os estados e partes de estados, cujo povo se acha, no dia de hoje, em rebelião contra os Estados Unidos, os seguintes, a saber:

[Os Estados Confederados, excetuando-se as paróquias da Luisiana, condados da Virgínia e o estado do Tennessee].

E em virtude do poder e para a finalidade acima citada, ordeno e declaro que todas as pessoas mantidas como escravos dentro dos designados estados e partes de estados são livres, e o serão daqui por diante; e que o governo executivo dos Estados Unidos, incluindo suas autoridades militares e navais, reconhecerá e manterá a liberdade das pessoas mencionadas.

E por meio desta proclamação, ordeno às pessoas assim declaradas livres que se abstenham de toda a violência, a não ser em caso da autodefesa necessária; e recomendo-lhes que, em todos os casos permitidos, trabalhem fielmente mediante salários razoáveis.

E declaro mais e faço saber que tais pessoas de condição apropriada serão recebidas nos serviços armados dos Estados Unidos, a fim de guarnecer fortes, posições, postos e outros lugares, e tripular navios de todos os tipos nos ditos serviços.

E para esta lei, que sinceramente acredito seja um ato de justiça, garantida pela Constituição por necessidade militar, invoco o benigno julgamento da humanidade e o gracioso favor de Deus Onipotente.

Fonte: SYRETT, Harold C. (Org.). *Documentos Históricos dos Estados Unidos*. São Paulo: Cultrix, 1960, p. 219.

VICKSBURG E GETTYSBURG, OS PONTOS DE VIRADA DA CAMPANHA

Ao longo do grande rio da República, as forças da União avançaram mais consistentemente. Sob o comando do general Ulysses Grant, as forças leais tomaram os fortes Donelson e Henry, que fechavam a parte norte daquele estuário. Essa vitória abriu os estados do Tennessee e da Geórgia, além de garantir a posse do Missouri e do Kentucky, estados leais que eram teatro de constantes ataques dos sulistas. Na Luisiana, a cidade de Nova

122 ESTADOS UNIDOS

Orleans, a maior do Sul, caiu em abril de 1862 tomada por tropas lideradas pelo almirante David Farragut. A queda de Nova Orleans abriu partes da Luisiana e mesmo do Mississipi às forças da União. Com as partes Norte e Sul do Mississipi fechadas, a Confederação somente controlava uma porção do Mississippi adjacente à cidade de Vickysburg, no Tennessee. Após quase dois meses de cerco, a cidade se rendeu no dia 4 de julho de 1863, data da Independência dos EUA. A Confederação tinha sido dividida em duas e Lincoln finalmente encontrara em Grant o general que procurava.

No início de julho de 1863, as tropas confederadas do norte da Virgínia cruzaram mais uma vez as linhas da União. O objetivo novamente era isolar Washington. As forças de Lee foram detectadas perto de uma cidade da Pensilvânia chamada Gettysburg. Começaria ali a maior batalha da Guerra Civil. As forças de Lee seriam confrontadas pelas forças da União, comandadas pelo general Meade. Durante cerca de três dias aproximadamente 150 mil soldados se enfrentariam nas cercanias e no centro da cidade. Um número estimado entre 45 e 50 mil soldados pereceram nos combates que terminaram com uma vitória incontestável da União. Nunca mais os exércitos sulistas tentariam avançar ao Norte. Dali em diante a campanha seria somente defensiva para o Sul. As Batalhas de Gettysburg e Vicksburg assinalam uma virada da situação militar em favor do Norte. Mas a Guerra estava longe de terminar.

DISCURSO DE LINCOLN EM GETTYSBURG
(19 DE NOVEMBRO DE 1863)

Quatro meses após a Batalha de Gettsysburg, o campo de batalha foi consagrado como cemitério nacional. Durante a cerimônia, Edward Everett pronunciou uma oração de quase duas horas. A seguir, a breve fala de Lincoln, que permanece como um dos documentos mais importantes da História dos Estados Unidos.

Há 87 anos, nossos pais criaram neste continente uma nova nação, concebida em liberdade e dedicada à afirmação de que todos os homens foram criados iguais.

Estamos agora empenhados numa grande guerra civil, verificando se aquela nação ou qualquer outra nação assim concebida e consagrada pode subsistir por muito tempo. Encontramo-nos num grande campo de batalha da mesma guerra. Viemos inaugurar parte desse campo como sítio final de repouso dos que aqui deram suas vidas para que a Nação pudesse viver. É de todo em todo conveniente e apropriado que o façamos.

> Mas, num sentido mais amplo, não podemos dedicar – não podemos consagrar – não podemos santificar – este solo. Os bravos homens, vivos e mortos, que aqui lutaram, o consagraram muito mais do que o nosso pobre poder de ajuntar ou tirar. O mundo pouco notará, nem recordará por muito tempo, o que ora dizemos, mas nunca esquecerá o que eles aqui fizeram. Compete a nós, vivos, dedicar-nos ao trabalho inacabado que eles, que aqui combateram tão nobremente, adiantaram. A nós compete dedicar-nos aqui à grande tarefa que se nos apresenta – que destes mortos venerados aprendamos uma devoção ainda maior pela causa à qual deram a derradeira medida plena de devoção – que aqui altamente resolvamos que esses mortos não morreram em vão – que esta nação, sob as vistas de Deus, tenha um renascimento da liberdade – e que o governo do povo, pelo povo, para o povo, não seja eliminado da terra.
>
> Fonte: Syrett, Harold C. (Org.). *Documentos Históricos dos Estados Unidos*. São Paulo: Cultrix, 1960, p. 221.

OS SOLDADOS NEGROS

A partir da proclamação da emancipação, um número crescente de regimentos negros começou a organizar-se nos estados do Norte. A luta pela organização dessas unidades vinha desde o início da guerra, mas a liderança republicana recusou-se a alistar os negros durante os dois primeiros anos, obrigando as tentativas precoces de organizar regimentos negros (sem autorização do governo federal) a debandar. Com o desenvolvimento da campanha e o aumento do número de mortes no Norte, a situação foi se transformando. Centenas de milhares de escravos fugitivos buscavam os acampamentos da União na esperança de obter sua liberdade. Esses indivíduos ficariam conhecidos como "contrabandos", um termo que denotava sua situação ambígua: nem propriamente escrava, nem propriamente livre. Muitos deles acabavam trabalhando nos acampamentos, mas não escapava aos oficiais que sua integração aos regimentos seria a solução demográfica para um recurso cada vez mais escasso. A possibilidade de recrutar novos soldados entre os contrabandos do Sul e a população negra livre do Norte atendia tanto às necessidades militares da União quanto às aspirações políticas dos negros de lutarem pela emancipação dos ainda escravizados no Sul.

124 ESTADOS UNIDOS

O recrutamento de negros, tanto dos livres do Norte como dos contrabandos, recebeu forte impulso após a proclamação de Lincoln. Os governadores dos estados do Norte foram autorizados a organizar regimentos. Inicialmente, os governadores de Massachusetts e Rhode Island designaram lideranças abolicionistas negras para proceder ao recrutamento. Mas mesmo os regimentos iniciais receberam um grande fluxo de ex-escravos vindo do Sul. Aos poucos, agentes recrutadores profissionais passaram a visitar as regiões ocupadas no Sul visando ao recrutamento de substitutos para cobrir as cotas dos estados do Norte. Um verdadeiro mercado de substituições se desenvolveu a partir de março de 1863, incluindo pessoas vindas do Sul, do Canadá e do Caribe. Muitos dos novos recrutas receberam gratificações para alistarem-se, mas muitos foram simplesmente forçados ao recrutamento, perdendo os benefícios do seu *status* de trabalhadores livres adquirido recentemente.

Cerca de 180 mil soldados negros integraram os exércitos da União, aproximadamente 10% do total. Mas esses contingentes foram recrutados durante os dois últimos anos da guerra, quando o recrutamento de brancos havia diminuído substancialmente. Portanto, o ingresso desses contingentes contribuiu com uma proporção ainda maior dos recrutamentos executados entre 1863 e 1865, constituindo uma estratégia fundamental para manter o exército da União de pé num momento em que decrescia o recrutamento voluntário de brancos.

Os soldados negros participaram de alguns dos mais importantes combates nos teatros da Virgínia e do Mississipi. Também tomaram parte na ocupação de regiões conquistadas aos confederados, que não poucas vezes foram guarnecidas por ex-escravos contra guerrilhas rebeldes. O exemplo de áreas inteiras libertas por ex-escravos agora alistados nos exércitos do Norte não passou despercebido daqueles indivíduos que ainda não tinham conquistado sua liberdade, aumentando o número de fugas em direção à liberdade e acelerando, dessa forma, o fim prático da escravidão nas regiões mais densamente povoadas do Sul.

Ainda que tenham sido essenciais na libertação dos escravos e na conquista da Confederação, esses homens muitas vezes foram treinados em condições bastante adversas. Nas fileiras, os recrutas negros encontraram um ambiente de discriminação. Eles recebiam soldos três dólares menores que o similar para os brancos. Não podiam chegar às posições de oficial, exceto no caso dos capelães. Serviam, portanto, sob o comando de oficiais brancos. Alguns desses oficiais eram abolicionistas comprometidos com uma supervisão paternalista dos seus subordinados. Mas muitos eram arrivistas, indivíduos sem quaisquer simpatias pela causa da abolição, que haviam se candidatado para esses regimentos visando a promoções mais rápidas. Os integrantes desse segundo grupo de oficiais em geral nutriam forte preconceito contra seus novos subordinados.

A disciplina nos regimentos negros era muito mais severa que na dos brancos. Os negros serviam em regimentos federalizados, os United States Colored Troops (USCT). Esses agrupamentos não possuíam ligação com organizações locais e, por isso mesmo, respondiam apenas à disciplina imposta por seus oficiais. Muitas cartas de soldados e suboficiais alfabetizados foram publicadas pela imprensa negra (ver quadro a seguir). Através delas conhecemos as rotinas da vida militar negra, além das demandas por uma cidadania militar igual à dos brancos. Os protestos dos soldados contra a discriminação eram punidos de forma dura, muitas vezes através de cortes marciais e execuções. Durante algum tempo, os soldados negros também tiveram que lidar com a ameaça sulista de executar sumariamente qualquer prisioneiro desses regimentos que fosse capturado em combate. Essa ameaça desapareceu quando Lincoln prometeu retaliar, mas não evitou alguns massacres como o do Fort Pillow, onde os prisioneiros negros foram simplesmente executados após a rendição.

126 ESTADOS UNIDOS

> ### TRECHO DE CARTA DE UM OFICIAL NEGRO ENDEREÇADA A LINCOLN, DENUNCIANDO DISCRIMINAÇÃO
>
> Hospital Geral, Beaufort/Carolina do Sul, 25 de junho de 1865.
>
> Prezado Senhor. Escrevo-lhe a título de reparação. Tenho estado a serviço dos Estados Unidos desde 5 de novembro de 1864 e desde então só fui pago duas vezes. Em junho vocês me pagaram sete dólares por um mês de soldo. Também não recebi o pagamento retroativo do governo. A minha família (composta pela mulher e dois filhos pequenos) não recebeu qualquer ajuda do meu estado, tal como havia sido prometido quando do alistamento. Poderia lhe falar sobre uma série de malandragens que têm ocorrido no regimento ao qual pertenço se isso for necessário. Mas a única coisa que quero é a minha baixa para poder apoiar a minha família porque eles estão famintos e não têm roupas suficientes para esconder sua nudez. Peço desculpas pelo incômodo, mas eu gostaria de ser pago pelo governo e depois ver a minha família. Do seu humilde servo.
>
> George G. Freeman
>
> Fonte: BERLIN, Ira; REIDY, Joseph; ROWLAND, Leslie S. (Orgs.). *Freedom – A Documentary History of Emancipation, 1861-1867.* Series II: The Black Military Experience. New York: Cambridge University Press, 1982, pp. 379-81.Tradução nossa.

A ELEIÇÃO PRESIDENCIAL DE 1864

Como o sistema democrático continuou funcionando no Norte, eleições competitivas constituíam uma maneira de aferir a popularidade do governo. No segundo semestre de 1862, durante o auge do insucesso da União, os democratas obtiveram vitórias expressivas para governos estaduais. Eles também aumentaram suas bancadas no congresso e nas assembleias. Em novembro de 1864, Lincoln candidatou-se à reeleição. Seu adversário era o general McClellan.

A eleição presidencial constituiu um verdadeiro plebiscito sobre a continuidade da guerra e a política abolicionista da administração republicana. O Partido Democrata parecia ter chances reais de vitória devido ao cansaço com os problemas militares. Os democratas favoráveis à guerra fundiram-se aos republicanos numa chapa conhecida como "Partido da União Nacional". Para aumentar suas chances, Lincoln escolheu como vice-presidente um senador democrata e ex-governador pelo Tennessee que era contrário à secessão. Seu nome era Andrew Johnson, o único senador de um estado confederado a permanecer no seu posto na

União após o início da Guerra. A designação de Johnson como vice de Lincoln surgia como um símbolo das esperanças do partido de estender sua organização para o Sul no pós-guerra, mas a escolha, ainda que eleitoralmente adequada, teria consequências dramáticas no futuro.

O resultado das eleições esteve sempre profundamente relacionado aos resultados no *front*. As vitórias militares na frente do Mississipi, especialmente a tomada da cidade de Atlanta em setembro de 1864, ampliaram as chances republicanas e Lincoln acabou reeleito em novembro de 1864, um indicador evidente de que o presidente tinha legitimidade para levar a guerra até a vitória.

O FIM DA CONFEDERAÇÃO

Os últimos dias da Confederação foram dramáticos. Cada vez mais dividida e carente, a administração sentiu o baque da vitória republicana no Norte. Num esforço desesperado, que contradiz praticamente tudo em que acreditava, o presidente Davis tentou libertar 40 mil escravos para alistá-los como soldados. À medida que as perspectivas da Confederação pioravam ao longo do inverno de 1864-1865, a iniciativa de armar os escravos pareceu consistente com os objetivos de evitar a derrota militar. Mas a opinião pública da Confederação acabaria por rejeitar esse último e desesperado recurso, já que aparentemente muitos preferiam a derrota a uma vitória com a ajuda dos seus ex-cativos.

A guerra terminou formalmente em abril de 1865, quando o general Lee se rendeu numa fazenda em Appomattox na Virgínia. Cerca de 600 mil norte-americanos morreram durante o conflito, um número maior que o da combinação de americanos mortos em todas as guerras do século XX. Boa parte das cidades mais importantes do Sul encontrava-se em ruínas. As forças militares estavam destroçadas. Sua economia em pedaços, a infraestrutura devastada. O território confederado foi ocupado por forças militares do Norte. Mas o país havia sido reunificado e, mais importante, a escravidão desaparecera, fato confirmado pela aprovação da Décima Terceira Emenda no Congresso (ver capítulo seguinte).

Ruínas de Richmond, Virgínia

Como muitas cidades do Sul, a capital da Confederação
ficou destruída após a guerra.

A vitória foi seguida por muitas comemorações no Norte. Celebrações que ressoaram entre os liberais europeus. O triunfo da União constituiu um golpe duro para as forças reacionárias mundo afora. As forças republicanas francesas, os cartistas ingleses, grupos favoráveis à unificação na Itália e na Alemanha e os liberais no México viram o sucesso da União como a realização de um nacionalismo possível. Igualmente, a vitória da União tornara a continuidade da escravidão negra impraticável no longo prazo em sociedades como a brasileira e a cubana, que ainda mantinham o trabalho compulsório como base de suas economias. Ela equacionara vários dos impasses não resolvidos pela Constituição, principalmente através do encaminhamento da federalização da cidadania e do estabelecimento do Estado nacional como a arena principal para a construção das linhas de desenvolvimento econômico, um leviatã *yankee*, como definiu o historiador Richard F. Bensel.

A popularidade do presidente Lincoln estava em alta. Após anos sofrendo ataques contra suas decisões, ele usufruía de uma vitória que comprovava a correção de suas linhas de conduta. Essa calmaria não durou muito. O presidente foi assassinado por um radical sulista em 14 de abril de 1865, poucos dias após a rendição de Lee e 41 dias após sua posse no segundo mandato como presidente dos EUA. Lincoln foi o primeiro presidente norte-americano a ser assassinado, uma tradição macabra que já ceifou as vidas de quatro presidentes, tornando a proteção do comandante em chefe uma obsessão das equipes de segurança.

Até então o presidente oferecera poucas pistas sobre suas ideais a respeito do processo de reintegração do Sul à União. Qual seria o lugar das "raças"? Qual tratamento seria dispensado às elites sulistas? Como ficaria a questão do acesso à terra na região? Que forma de organização política seria implantada nos estados derrotados?

Os debates em torno do processo de reconstrução do Sul ocupariam lugar central nas controvérsias políticas da próxima década. As ações do governo federal, dos negros, dos brancos não proprietários e dos ex-senhores definiriam o futuro da região e as diferentes concepções sobre cidadania, igualdade e participação.

A Reconstrução: dilemas da ação estatal no Sul pós-guerra

No final abril de 1865, a Guerra Civil terminara. Apenas alguns bolsões isolados confederados ainda tentavam uma resistência inútil. O Sul fora derrotado. Sua infraestrutura estava destruída: fábricas, estradas de ferro, arsenais, cidades – quase nada sobrara intacto. Aproximadamente 260 mil homens morreram pela Confederação, cerca de um quinto da população branca masculina em idade militar do Sul. Muitos outros se encontravam incapacitados por ferimentos, doenças ou amputações. Praticamente não havia família que não tivesse sido atingida pela guerra através do empobrecimento ou da perda de algum ente querido. A agricultura, principal fonte de riqueza da região, fora substancialmente reduzida. A morte de animais de carga e transporte e a destruição tanto de edificações como da maquinaria deixavam claro que a recuperação seria lenta.

132 ESTADOS UNIDOS

A região afundava na penúria com uma população de brancos pobres sem terras ou trabalho. Muitos desses indivíduos haviam passado anos nas fileiras militares e agora viam suas famílias endividadas. A estrutura da sociedade sulista fora sacudida do ponto de vista da segurança que suas elites acreditavam existir devido à escravidão. A presença dos soldados negros como tropa de ocupação trazia o temor entre os brancos de que uma retaliação poderia acontecer. Ainda que a desmobilização desses soldados tenha ocorrido rapidamente, alguns regimentos negros permaneceram destacados, marchando armados por cidades sulistas, mesmo que atos de violência praticados por soldados negros contra brancos tenham sido raros. No Sul, um estilo de vida tinha sido pulverizado, mas não estava claro que tipo de sociedade emergiria do caos da derrota.

No Norte, o saldo econômico era indisputável: a economia crescia rapidamente, abrindo oportunidades de trabalho e mobilidade social. Em contraste com o desenvolvimento econômico acelerado, a vitória da União trouxera certa ebulição às realidades políticas da região. Com o assassinato do presidente Lincoln por um fanático sulista logo no início do seu segundo mandato, o obscuro Andrew Johnson, um ex-proprietário de escravos democrata do Tennessee, assumira a cadeira sem um projeto definido sobre como tratar os estados que tinham se rebelado.

Johnson era um democrata jacksoniano fiel à União. Ele nascera na pobreza na Carolina do Norte, posteriormente trabalhara como aprendiz de alfaiate. Em seguida, fez carreira política no Tennessee, sendo eleito governador e senador pelo estado até que a oposição à secessão o isolou politicamente. Quando as tropas da União retomaram o Tennessee, Johnson foi empossado como governador militar do estado, antes de ser designado vice na chapa que levou Lincoln à reeleição em 1864. A rápida ascensão de Johnson pode ser vista como um prêmio a sua lealdade, além de um reconhecimento de sua capacidade política num estado fortemente dividido.

Suas ideias eram pouco conhecidas, assim como o ajuste que teria que fazer ao assumir a cadeira presidencial, herdada em consequência do assassinato de Lincoln. Alguns esperavam que seu rancor contra os grandes fazendeiros sulistas gerasse uma atitude mais dura em relação aos ex-confederados. Essas esperanças se mostrariam equivocadas no curto prazo. Poucos líderes políticos da Confederação foram legalmente punidos. O ex-presidente Jefferson Davis, por exemplo, passou apenas dois anos na prisão. A única execução da pena de morte ocorreu contra o diretor do presídio militar de Andersonville, onde soldados *yankees* enfrentaram condições de cativeiro desumanas. Em geral, Johnson exigiu um juramento de lealdade à União que, uma vez prestado, eximia o acusado de punição. Logo, boa parte da elite confederada estava de volta às suas propriedades.

O Congresso seguia dominado pelos republicanos, ainda mais fortalecidos após o triunfo militar. Apesar de contar menos de 12 anos de existência, os republicanos haviam obtido grandes conquistas, como a vitória na Guerra Civil, a preservação da União e a libertação dos escravos. Entre os vitoriosos, também não havia consenso sobre como o Sul seria reincorporado ou qual o papel dos libertos na região no pós-guerra. Essa falta de foco refletia, de certa forma, o fato de que os republicanos ainda constituíam uma mescla de vários grupos, incluindo antigos whigs, nativistas, democratas unionistas e abolicionistas.

A aprovação da 13ª Emenda à Constituição em janeiro de 1865 abolira definitivamente a escravidão em todo o território nacional, inclusive nos estados-tampões, que relutantemente haviam lutado ao lado da União durante a guerra (ver quadro). A Emenda seria finalmente ratificada em dezembro do mesmo ano. Ela resultara de um esforço do presidente para obter uma maioria num Congresso onde sentimentos racistas ainda se manifestavam com força, a despeito da enorme contribuição dos negros para a vitória militar.

Os negros eram livres, mas o acesso a outros direitos, como o de votar, de participar em júris, de testemunhar contra brancos, de negociar livremente seus contratos de trabalho, não tinha sido garantido. O *status* de cerca de quase 4 milhões de ex-escravos permanecia indefinido. Após uma reação inicial de contentamento e comemoração, eles perceberam que a sua dependência em relação aos antigos senhores persistia e temiam pela perda da precária liberdade de que dispunham. Muitos se sentiam traídos pelas promessas do governo federal, de cuja consistência duvidavam com cada vez mais intensidade.

13ª EMENDA

[Ratificada no dia 28 de dezembro de 1865]

Seção 1 – Nem a escravidão, nem a servidão involuntária, exceto como castigo para um crime pelo qual a parte tenha sido devidamente condenada, existirá dentro dos Estados Unidos ou em qualquer lugar sujeito à sua jurisdição.

Seção 2 – O Congresso terá poder de pôr em execução este artigo por meio de legislação apropriada.

Fonte: VORENBERG, Michael. *Final Freedom*: The Civil War, the Abolition of Slavery and the Thirteenth Amendment. New York: Cambridge University Press, 2004, p. 213. Tradução nossa.

134 ESTADOS UNIDOS

O período conhecido como "Reconstrução" refere-se ao tempo no qual distintos projetos sobre a reorganização do Sul foram discutidos pelos formuladores políticos no Congresso, na presidência, no Judiciário, na sociedade e na imprensa e das medidas que foram possíveis executar com o apoio do governo federal. Essa fase cobre principalmente o período compreendido entre os anos de 1863 e 1876, quando as lideranças do Partido Republicano estabeleceram os parâmetros da operação do sistema político e do acesso aos direitos básicos nas diferentes regiões.

Trata-se do projeto de reestruturação do Sul após a derrota, quando o Partido Republicano e o exército se associaram aos libertos e aos grupos pró-União numa tentativa de transformação das relações de trabalho, através da expansão de direitos e outras reformas tendentes a erradicar os fundamentos da sociedade escravista. Durante essa era, os libertos e seus aliados buscariam uma redefinição da ideia da liberdade, expandindo seu alcance para a inclusão de todos os negros ao universo dos direitos políticos e civis. Aqueles anos acenaram com a esperança de que fosse possível renovar a fábrica da sociedade sulista a partir de perspectivas mais democráticas e justas, criando uma atmosfera de maior tolerância e igualdade.

A Reconstrução provavelmente começou ainda durante a guerra nas regiões ocupadas do Sul, nas quais o exército da União precisou arbitrar as relações de trabalho e o processo de reintegração econômica. Ela envolveu visões diferentes (e algumas vezes antagônicas) sobre a reorganização da região, formuladas por missionários, militares, políticos, libertos, antigos senhores, índios, veteranos, mulheres e migrantes. Ela concentrou-se no Sul, mas envolveu várias regiões do país num esforço para redefinir o escopo da cidadania, as noções de justiça e reparação, a função do Estado, as regras de participação política, o papel da mulher e o sentido da propriedade na República reunificada.

Evidentemente nem todos viram o período dessa maneira. Para alguns historiadores e escritores simpáticos à causa sulista, tratou-se de um período de opressão durante o qual a civilização branca e ocidental se viu profundamente ameaçada. Esses intérpretes desdenharam da capacidade dos negros para o autogoverno, preferindo associar as experiências daqueles anos à ganância nortista, particularmente do segmento conhecido como republicanos radicais. Duas das mais importantes representações artísticas dessa perspectiva foram feitas pelo cinema através dos filmes *O nascimento de uma nação*, de D. W. Griffith (1915), e *E o vento levou*, de Victor

Fleming, George Cukor e Sam Wood (1939), baseado no livro homônimo de Margaret Mitchell. Essas obras, de caráter fortemente racista, apresentaram uma visão idílica e pastoral do Sul pré-guerra, contrastando-a com as realidades turbulentas do período de ocupação.

LINCOLN E O SUL

As controvérsias sobre a Reconstrução principiaram antes mesmo que os combates terminassem. Várias iniciativas nas ilhas oceânicas da Carolina do Sul, no Mississippi e na Luisiana anteciparam as lutas dos libertos por terra e liberdade que se acentuariam após a rendição em Appomattox. Essas regiões foram ocupadas pelo exército da União, que ali se deparou com os dilemas da administração de sociedades com grandes contingentes escravizados. Em cada um desses contextos ficaram evidentes as disparidades das concepções presentes entre os diversos agentes do Norte: comandantes militares, agentes do tesouro, missionários, políticos, jornalistas e comerciantes, além dos próprios libertos.

Havia muitos conflitos sobre a melhor forma de lidar com a situação. Uma vez livres, muitos libertos preferiam cultivar alimentos nas terras sob seus cuidados, enquanto as demandas nortistas davam preferência ao cultivo do algodão e cana-de-açúcar devido ao elevado valor comercial desses produtos. Por outro lado, missionários e políticos progressistas queriam educar os libertos, alfabetizando-os e preparando-os para a cidadania política, uma demanda que não encontrava apoio nos agentes comerciais. Alguns comandantes militares simpatizavam com as propostas reformistas, mas o exército não era uma instituição ideologicamente coesa no que dizia respeito aos objetivos da guerra. E muitos oficiais e soldados da União nutriam dúvidas sobre a capacidade do negro para a autonomia individual, o autocontrole tão caro às premissas vitorianas em voga.

Nos seus últimos meses de vida, Lincoln não foi muito específico sobre seus planos para o Sul após o final do conflito, exceto no que diz respeito à luta pela aprovação da 13ª Emenda pelo Congresso. O presidente nunca aceitou que os estados confederados haviam se separado da União. Para Lincoln, o que ocorrera fora uma rebelião de alguns setores do Sul contra a ordem constitucional. Nessa perspectiva, a União continuou existindo durante o período da Guerra Civil. Seguindo esse raciocínio, Lincoln afirmou que a reincorporação formal dos estados rebelados à União

136 ESTADOS UNIDOS

seria relativamente simples. Em sintonia com essa posição, o presidente anunciou, ainda em 1863, o seu plano de 10%. Esse plano estabelecia que um estado pudesse ser reintegrado à União quando 10% dos seus eleitores na eleição presidencial de 1860 jurassem lealdade aos Estados Unidos e declarassem respeitar a emancipação, excluindo apenas os altos funcionários confederados e pessoas que haviam deixado o governo ou o serviço militar dos Estados Unidos para ajudar a rebelião. Obviamente, a maioria dos negros também estava excluída, já que para Lincoln o voto deveria ser concedido inicialmente somente aos soldados afro-americanos. O próximo passo seria a eleição de um governo estadual e o envio de representantes locais para o Congresso.

Evidentemente, essa proclamação de Lincoln gerou reação entre os parlamentares, uma vez que os republicanos temiam a restauração da aristocracia sulista e a possível re-escravização dos negros. Ao contrário de Lincoln, muitos parlamentares insistiam que os separatistas haviam deixado a União e, agindo dessa forma, perderam todos os direitos que pudessem pleitear no pós-guerra. Eles poderiam ser readmitidos somente na condição de "províncias conquistadas", submetendo-se a um processo de reorganização que seria dirigido pelas forças vencedoras do Norte e seus aliados no Sul. Outro problema é que com a abolição da escravidão os negros não seriam mais contados como três quintos da população sulista, implicando o aumento do número de representantes dos estados do Sul que seriam eleitos apenas por brancos.

Em resposta à proposta de Lincoln, os republicanos no Congresso apresentaram o projeto Wade-Davis, requerendo que pelo menos 50% dos eleitores de cada estado na eleição de 1860 jurassem lealdade, demandando salvaguardas ainda mais consistentes em defesa da emancipação. Enquanto a lealdade não fosse votada, os estados que integraram a Confederação permaneceriam sob governos provisórios indicados pelo presidente. Nenhuma pessoa que houvesse exercido algum cargo sob o governo confederado ou tivesse servido voluntariamente no exército confederado poderia ser eleita para escolher delegados às convenções estaduais que instituiriam novos governos.

Lincoln vetou o projeto Wade-Davis. Em represália, o Congresso recusou-se a aceitar a reintegração da Luisiana durante o segundo semestre de 1864. A situação permaneceu inalterada durante os últimos meses do conflito, quando a destruição da economia do Sul e a fuga dos escravos alcançaram patamares elevados, tornando a emancipação uma realidade sem volta. Nesse ambiente, cada líder militar em atividade no Sul agia de acordo com a sua linha de conduta, reagindo de acordo com as transformações operadas na economia e sociedade de cada estado confederado. O assassinato de Lincoln deixou uma imensa lacuna no que diz respeito à liderança do processo. A despeito de suas posições conservadoras, o presidente mostrou durante a guerra uma enorme capacidade de se adaptar às mudanças e não é impossível que tivesse apoiado uma visão mais progressista da reconstrução do Sul ao longo do processo.

O episódio descrito anteriormente mostrou que mesmo entre os republicanos estavam surgindo duas tendências: a maioria, mais moderada, tendia a concordar com Lincoln no sentido de reintegrar os estados do Sul e seus dirigentes sem grandes punições o mais rápido possível, ainda que sob as condições estipuladas pelo Congresso. O grupo minoritário, mais radical, entendia que o Sul deveria ter sua estrutura social transformada antes que se procedesse à restauração. Como disse um deputado, os estados do Sul deveriam ser reorganizados ou o governo nacional se tornaria inviável.

Para essa segunda corrente, os antigos senhores confederados seriam punidos e os escravos emancipados deveriam ser protegidos pelo governo federal através de um longo processo de transição para a cidadania plena. Esse processo incluiria a posse de terras, o direito de voto, a faculdade de participar e testemunhar em júris e a possibilidade de serem eleitos para cargos executivos ou para o Congresso. Deve ser notado que mesmo os radicais, na sua grande maioria, não consideravam a extensão do direito de voto às mulheres como uma pauta relevante. Uma omissão que alijaria a causa sufragista por várias décadas.

OS LIBERTOS

Logo após o final da guerra, os libertos começaram a deixar as fazendas, fosse por algumas horas, fosse ainda para procurar novos empregos, fosse para ir mais longe à procura de esposas, maridos ou filhos de quem haviam sido separados por vendas ou remoções, ou ainda simplesmente para sentirem-se livres dos antigos laços de servidão. A liberdade de movimento mostrou-se uma motivação poderosa nos primeiros meses após a emancipação, afirmando a autonomia dos libertos e sua busca por estabelecer laços familiares sólidos e consistentes com os novos tempos. Houve também uma multiplicação de avisos nos jornais negros relatando essas buscas desesperadas por entes queridos desaparecidos.

Houve, igualmente, uma multiplicação de casamentos. As cerimônias visavam à legalização das relações e à legitimação dos filhos nascidos durante e após o cativeiro. Os casamentos também podem ser compreendidos no contexto de um reposicionamento das mulheres negras, levadas para a esfera doméstica, onde assumiram as funções de donas de casa, visando à criação de padrões tradicionais de organização familiar típicos da era vitoriana e resultando na retirada das mulheres, ainda que temporariamente, do trabalho nas *plantations*.

Muitos escravos também mudaram seus nomes, adotando sobrenomes como Washington ou Jefferson, entre outros. Essas novas alcunhas além de romperem com as denominações associadas aos seus antigos senhores também apontavam para indivíduos que os libertos associavam à ideia de independência. Essas ações devem ser entendidas no contexto daquilo que o historiador Eric Foner classificou como "os significados da liberdade", ou seja, o fato de que a liberdade recentemente adquirida abria espaço para interpretações diferentes a respeito do seu alcance e sentido.

QUARENTA ACRES E UMA MULA

Muitos no Norte entendiam que os libertos deveriam ser indenizados com a posse de terras por seu trabalho como escravos. Em janeiro de 1865, o general William Tecumseh Sherman, um dos principais comandantes militares da União, idealizou um programa de divisão de terras senhoriais através do qual famílias negras receberiam cerca de 40 acres e uma mula, transformando-se em pequenos agricultores em certas áreas do Sul. O programa foi oficializado através da Ordem de Campo n. 15. Ele se empenhava na formação de uma classe de agricultores livres, nos moldes do *yeoman* nortista, modificando a estrutura agrária naquelas regiões do Sul mais densamente povoadas por negros.

A Ordem de Sherman foi uma tentativa de legalizar as práticas de vários generais que ao longo da campanha haviam colocado escravos libertados como encarregados de terras confiscadas ou abandonadas por seus senhores. Nas ilhas oceânicas da costa da Carolina do Sul e da Geórgia, os negros já vinham cultivando 40 acres de terras desde 1862. Mais para o interior, muitos dos libertos que receberam terras tinham sido escravos dos Cherokees e dos Creecks, tribos indígenas que sancionavam a escravidão negra. No estado do Mississipi, milhares de ex-escravos trabalhavam em lotes de 40 acres alugados, que anteriormente haviam pertencido ao presidente Jefferson Davis. Nesse experimento de sucesso, os locatários obtiveram lucros suficientemente altos para ressarcir ao governo os custos iniciais com ferramentas e animais, situação que não os impediu de perder a terra para o irmão de Davis, tempos depois, quando o governo federal anulou todas as concessões.

O programa nunca foi consensual entre a elite nortista. Os mais radicais defendiam a medida como uma espécie de indenização, além da punição aos senhores rebeldes, tais como o ex-presidente, Jeferson Davis, e seu vice, Alexander Stephens, e muitos outros escravocratas que haviam apoiado a secessão. Mas muitos setores mais moderados viam o assalariamento como uma solução mais adequada. Esses grupos associavam-se a concepções ligadas à esfera do trabalho livre (*free-labor*), muito forte no Norte. Essa corrente valorizava o trabalho do agricultor independente, mas não tinha consenso sobre os processos de expropriação. Ela sancionava a concessão de terras "livres" do Oeste ao homem branco, mesmo que essas terras já fossem ocupadas por índios. Mas o apoio à desapropriação de terras pertencentes a senhores brancos para o uso de libertos negros não predominava nos gabinetes em Washington.

A ideia que os libertos seriam ajudados pelo Estado também não se adequava aos preceitos liberais e individualistas que condenavam o assistencialismo governamental. A passagem da posição de escravo para a de proprietário também não apaziguava as dúvidas dos grupos conservadores sobre a capacidade de iniciativa e de empreendedorismo dos libertos. Para esses setores era preciso que os libertos se acostumassem a trabalhar por salários antes de obterem propriedades. Essas ressalvas também ressaltavam o temor de que os recém-libertos ficassem ociosos na ausência de uma tradição de trabalho autocontrolado. Ou de que eventualmente decidissem migrar para o Norte, competindo pelas oportunidades de trabalho que se multiplicavam na região.

Mas os negros não pretendiam voltar às *plantations*. Eles queriam cultivar suas próprias terras. A ausência de uma política efetiva de distribuição de terras privou-os de uma ferramenta essencial para melhorar sua condição social, forçando-os a trabalhar para seus antigos senhores por salários ínfimos. Essa subordinação teve consequências para as lutas que viriam e abortou a tentativa de manter as mulheres longe do trabalho assalariado. Grande parte dos libertos acabou trabalhando como meeiros para seus antigos senhores, uma situação que manteve a ascendência senhorial. Mas o trabalho extensivo em grupos fora praticamente abolido, substituído agora por um trabalho por tarefa.

Cartoon racista:
"*The Freedmen's Bureau*, uma agência que mantém o negro na ociosidade às custas do homem branco."

Durante a campanha do presidente Andrew Johnson contra o Congresso publicou-se este *cartoon* que retrata a Secretaria dos Libertos como uma agência que mantinha os negros na indolência. A legenda afirma: "Apoie o Congresso e apoie o negro. Acuda o presidente e proteja o homem branco".

A SECRETARIA DOS LIBERTOS

A despeito das ressalvas dos nortistas mais conservadores, era impossível ignorar o estado de destituição enfrentado pela maioria dos ex-cativos no Sul. Analfabetismo, desnutrição, falta de qualificações profissionais, ausência de propriedade e desemprego crônico. Para enfrentar esse conjunto de problemas ao longo do Sul, o Congresso criou a Secretaria dos Homens Livres (*Freedmen's Bureau*) em março de 1865. A Secretaria deveria funcionar como uma agência de bem-estar social, fornecendo comida, roupas, cuidados médicos e educação tanto para os libertos como para os refugiados brancos. Ela também deveria auxiliar os libertos na tarefa de reunir famílias que a escravidão havia separado por venda, remoção ou fugas. A existência dessa agência demonstrava a persistência do governo federal em terminar parte do trabalho iniciado pela guerra, apoiando os grupos destituídos em sua luta por dignidade. Uma visão que não seria compartilhada por Johnson.

O principal sucesso da Secretaria se deu na área da educação, particularmente na alfabetização, com aproximadamente 150 mil adultos negros alfabetizados. A alfabetização atendia às demandas dos negros para diminuir a distância educacional em relação aos brancos, bem como ao desejo de ler as escrituras, já que as igrejas negras ocupavam um lugar fundamental na socialização e politização que se seguiram à emancipação. Essas igrejas já existiam, de forma semiclandestina, durante a escravidão. Mas floresceram após a emancipação, tornando-se os principais núcleos de socialização e formação de lideranças entre os libertos, com destaque para as congregações Batistas e Metodistas, cujos ramos negros puderam prosperar em liberdade ao longo desses anos. Vários pastores assumiriam lugares proeminentes nas suas comunidades, muitos deles sendo posteriormente eleitos para cargos de representação ou no Judiciário. Essa tradição de forte interação entre religião e luta política nas comunidades afro-americanas se manteria ao longo do século XX quando o pastor Martin Luther King foi agraciado com o prêmio Nobel da Paz em 1964 por sua luta em favor dos direitos civis.

Outras vezes, a Secretaria atuou como um mediador nas relações de trabalho entre os libertos e os antigos senhores, negociando salários e turnos. Não raro, a agência teve suas funções pervertidas, atuando como colaboradora dos antigos senhores no fornecimento de mão de obra barata. Ainda assim, o Sul branco constantemente associou a Secretaria à intervenção nortista, que soava ameaçadora para a visão supremacista que prevalecia em amplos setores das elites da região. A presença do Estado através de qualquer

142 ESTADOS UNIDOS

agência do governo federal na região soava subversiva para as elites sulistas, aferradas a uma tradição de localismo e defesa da autonomia estadual.

OS CÓDIGOS NEGROS

Durante os primeiros anos da Reconstrução, a luta pelo controle do trabalho negro foi intensa. Muitos sulistas brancos, especialmente antigos senhores, buscavam limitar as liberdades e garantias conquistadas nos anos finais da guerra. Uma das maneiras de dificultar o acesso aos direitos era estabelecer obstáculos para impedir que os negros testemunhassem em corte, adquirissem propriedades, processassem brancos, votassem, servissem na milícia do estado e pudessem se movimentar livremente. Esses obstáculos eram instituídos através de uma série de qualificações as quais os negros não tinham condições de atender.

Para essas lideranças sulistas, a subordinação do negro era fundamental para regular o *status* socioeconômico dos libertos de forma que pudessem prover trabalho barato, capaz de reerguer rapidamente a produção agrícola. Nesse sentido, as leis contra o ócio estabeleciam que os negros que não fossem legalmente empregados, isto é, que se recusassem a se submeter às condições desumanas impostas por seus patrões, poderiam ser presos, multados ou "emprestados" a outro homem para trabalhos compulsórios, visando ao pagamento de multas impostas por sua recusa a aceitar essas condições indignas. Os códigos geralmente incluíam multas pesadas contra aqueles que desobedeciam a suas estipulações ou o trabalho em condições análogas à escravidão. A instauração dos códigos ilustra os dilemas da Reconstrução presidencial que ocorreu ao longo do primeiro ano do pós-guerra.

A RECONSTRUÇÃO PRESIDENCIAL

Ao tomar posse como presidente, Andrew Johnson era uma incógnita. Mas logo suas posturas conservadoras decepcionaram àqueles que esperavam uma atitude mais dinâmica de alguém que havia lutado contra os separatistas no Sul. Um defensor radical dos direitos dos estados, Johnson tinha dificuldade para entender a importância do poder da União para transformar a estrutura social do Sul. Ao contrário de Lincoln, o novo presidente mostrava limitações para costurar acordos políticos, acabando geralmente por se isolar, dada a sua falta de flexibilidade com os outros poderes. Por outro lado, o ódio aos grandes proprietários sulistas não era acompanhado por uma atitude mais aberta em relação aos libertos: Johnson simplesmente não acreditava na possibilidade de reconstruir o Sul como uma sociedade multirracial na qual as diferentes etnias teriam direitos iguais. Suas atitudes racistas frequentemente o impediram de adotar políticas inclusivas, comprometendo seriamente sua autoridade como chefe da nação.

Seus primeiros movimentos acenaram com anistia e perdão para os confederados, excluindo apenas os governantes e pessoas com propriedades cujo valor excedesse 20 mil dólares. Esses últimos deveriam requerer perdão pessoal diretamente ao presidente. Através dessa exclusão Johnson demonstrava sua antiga hostilidade jacksoniana à aristocracia de ricos fazendeiros e sua preferência por uma liderança de *yeomans* como ele mesmo. Johnson também rapidamente procedeu à devolução das terras que os libertos haviam ocupado, encerrando os ensaios de reforma agrária patrocinados por militares, religiosos e pelos próprios libertos.

A segunda proclamação presidencial sobre o assunto aceitou o governo "reconstruído" da Carolina do Norte. O presidente estipulou que todos os confederados que pedissem perdão seriam imediatamente aceitos de volta no mundo político. Essa abertura permitiu que ex-lideranças confederadas fossem eleitas tanto para os governos dos estados como para o Congresso. O cenário político criado permitiu a aceleração da instalação dos odiosos códigos negros descritos na seção anterior. Oito meses após o final da guerra, lideranças confederadas se apresentaram em Washington para tomar posse em suas cadeiras no Congresso, posições que esses mesmos indivíduos não tinham tido escrúpulos em devolver, quatro anos antes.

As medidas de Johnson, particularmente a anistia aos confederados, geraram um repúdio entre os republicanos, que negaram assento aos congressistas do Sul. Esse foi o início de uma séria crise política envolvendo o presidente e o Congresso em atritos cada vez mais fortes. Ficava claro que o novo presidente tinha pouca identificação com o partido político em cuja chapa fora eleito. Os acontecimentos que se seguiram marcam a maior confrontação entre Congresso e executivo ocorrida na história dos Estados Unidos.

A RECONSTRUÇÃO RADICAL

Os republicanos negaram assento aos congressistas sulistas e votaram pela dissolução dos governos recém-eleitos no Sul, rejeitando a posição presidencial de que o Sul havia sido reconstruído. Em seguida, o Congresso estabeleceu o Comitê Conjunto de Reconstrução para investigar a situação na região. Suas audiências confirmaram um quadro de desordem e resistência, destacando a degradação das condições impostas aos libertos que não estavam usufruindo de independência econômica ou de condições mínimas para o exercício da cidadania. Foi a partir da ação do Comitê que o setor moderado dos republicanos propôs duas ações políticas que levariam o presidente a uma confrontação aberta: a extensão do funcionamento da Secretaria dos Homens Livres (por mais dois anos) e a Lei dos Direitos Civis.

A Secretaria lutava contra a falta de pessoal e recursos. Suas funções se estendiam muito além da capacidade da organização de que dispunha. Portanto, a extensão da sua existência fazia sentido em face do estado de emergência enfrentado em várias regiões do Sul. A extensão dos problemas desafiava a capacidade dos funcionários para enfrentar os vários desafios de uma sociedade em transformação na qual imperava a tensão racial. A tarefa da Secretaria já não teria sido simples nas condições burocráticas do século XXI e foi menos ainda na segunda metade do século XIX, numa região dominada por atitudes racistas e violentas, com um recorde de linchamentos e ataques que confrontava a autoridade do exército da União.

A Lei dos Direitos Civis, proposta pelo republicano moderado Lyman Trumbull, abriu outro capítulo no confronto. Ela estabelecia que todas as pessoas nascidas nos Estados Unidos seriam consideradas cidadãs, a despeito da raça. Todos seriam iguais perante a lei e nenhum estado poderia negar esses direitos tomando como critério, por exemplo, os códigos negros. Da mesma forma, nenhum estado poderia privar qualquer cidadão do direito de fazer contratos, impetrar processos ou gozar de proteção pessoal e da posse do que fosse legalmente seu. Ela protegia as conquistas dos negros e abria o caminho para uma extensão de direitos patrocinada pelo governo federal.

A Lei, proposta em março de 1866, efetivamente criava uma cidadania nacional, impedindo que interesses locais interferissem na integração do negro na sociedade e protegendo os frágeis direitos dos negros, mas Johnson vetou ambas as iniciativas dos republicanos. O presidente alegou que elas interfeririam nos direitos dos estados, adicionando que os negros não mereciam os direitos de cidadania. Para Johnson, o ato era inconstitucional e aqueles que o apoiavam deveriam ser considerados traidores.

> ## LIDERANÇAS REPUBLICANAS
>
> Os homens que viriam a liderar o partido republicano tinham origens partidárias distintas. A maioria era composta de antigos whigs. Mas também havia adeptos do solo livre, nativistas e grupos antimaçons. Muitos tinham seu eleitorado em regiões que haviam sido profundamente afetadas pelo movimento religioso conhecido como "Segundo Grande Despertar". Eram referendados por áreas do Norte nas quais a defesa dos direitos dos estados havia sido repentinamente substituída por demandas reformistas que pregavam o fortalecimento do governo federal. Homens como Charles Sumner e Henry Wilson, de Massachusetts, e Lyman Trumbull, de Illinois, viriam desempenhar papéis importantes em comitês sobre assuntos militares e na liderança de propostas de reformas.
>
> Fonte: CURRY, Leonard P. *Blueprint for Modern America*: Nonmilitary Legislation of the First Civil War Congress. Nashville: Vanderbilt University Press, 1968, pp. 10-35. Tradução nossa.

As atitudes intempestivas de Johnson levaram os moderados para a órbita radical num movimento raro na história dos Estados Unidos. O Congresso, pela primeira vez em sua história, passou por cima de um veto presidencial e ratificou a Lei dos Direitos Civis. A ação dos congressistas demonstrou a perda de poder e influência de Johnson, uma vez que a iniciativa passava para um Parlamento cada vez mais radicalizado.

A aprovação foi recebida no Sul com reações que variavam do simples desrespeito às normas a atos de violência aberta contra os negros, incluindo novamente linchamentos e agressões. Impactados por essas ações, os republicados decidiram incluir a lei como uma emenda à Constituição. Essa atitude revelava o temor de que um dia os democratas pudessem assumir o controle do Congresso e anular a medida. A 14ª Emenda, proposta em junho de 1866, conferia aos negros os direitos civis, incluindo a cidadania (mas não o direito de voto) (ver quadro a seguir). Ela também reduzia proporcionalmente a representação de um estado tanto no Congresso quanto no Colégio Eleitoral, caso a população desse estado negasse o acesso dos negros às urnas. Cassava os direitos políticos das lideranças confederadas, particularmente aquelas que haviam servido sob a autoridade do governo dos Estados Unidos antes da Guerra Civil. Garantia as dívidas federais, repudiando todas as dívidas contraídas pelos confederados. Essa lei, na prática, anulava a decisão do caso Dred Scott (ver capítulo "Expansionismo, democracia e secessão"). A cidadania americana deixava de ser relacionada fortemente à "raça" tal como ocorrera antes da Guerra Civil, passando a incluir todos os indivíduos do sexo masculino independentemente de "raça", cor e religião.

14ª EMENDA

[Ratificada no dia 28 de julho de 1868]

Seção 1 – Todas as pessoas nascidas ou naturalizadas nos Estados Unidos e sujeitas à sua jurisdição são cidadãs dos Estados Unidos e do estado em que residem. Nenhum estado fará nem exigirá que se observe lei alguma que restrinja os privilégios ou imunidades de cidadãos dos Estados Unidos; nem poderá estado algum privar qualquer pessoa da vida, liberdade ou propriedade, sem o devido processo legal; e tampouco negar a qualquer pessoa que se encontre dentro da sua jurisdição a proteção igual das leis.

Seção 2 – Os representantes serão divididos entre os vários estados de acordo com o número de seus respectivos habitantes, contando-se o número de pessoas em cada estado, excluindo os índios não tributados. Mas quando o direito de votar em qualquer eleição para a escolha de eleitores do presidente e do vice-presidente dos Estados Unidos, dos deputados no Congresso, dos funcionários executivos e judiciários de um estado, ou dos membros da sua legislatura, é negado a alguns habitantes do sexo masculino desse estado, com vinte e um anos de idade, e que são cidadãos dos Estados Unidos, ou é cerceado de alguma forma, não sendo por participação em rebelião e outro crime, a base de representação do estado será reduzida na proporção que há entre o número desses cidadãos e o número total de cidadãos do sexo masculino de vinte e um anos existentes no estado.

Seção 3 – Não poderá ser senador ou representante no Congresso, nem eleitor do presidente e do vice-presidente, nem exercer nenhum cargo civil ou militar nos Estados Unidos, ou em qualquer estado, aquele que, como membro do Congresso, funcionário dos Estados Unidos, membro de qualquer legislativo estadual, ou funcionário executivo ou judiciário, havendo jurado defender a Constituição dos Estados Unidos, tenha tomado parte numa insurreição ou numa rebelião contra a Constutuição, prestado auxílio ou proporcionado apoio aos inimigos dela. O Congresso, no entanto, por uma votação de dois terços de cada casa, poderá suspender essa interdição.

Seção 4 – Não será contestada a validade da dívida pública dos Estados Unidos, autorizada por lei, incluindo dívidas contraídas para pagar pensões adquiridas por serviços na supressão de insurreição ou rebelião. Mas nem os Estados Unidos nem qualquer estado assumirão ou pagarão qualquer dívida ou obrigação contraída para ajudar uma insurreição ou rebelião contra os Estados Unidos, ou qualquer reivindicação pela perda ou emancipação de algum escravo; todas essas dívidas, obrigações e reivindicações serão havidas por írritas e nulas.

Seção 5 – O Congresso terá poder de fazer cumprir, por meio de legislação apropriada, os dispositivos deste artigo.

Fonte: Disponível em: <https://www.law.cornell.edu/constitution/amendmentxiv>. Tradução nossa.

A emenda não dava o direito de voto aos negros, mas deixava de fora da União qualquer estado sulista que se recusasse a ratificá-la. A proposta tinha efeitos práticos muito fortes para o Sul, com suas grandes minorias negras. Mas também afetava o debate no Norte, onde vários estados negavam o direito de voto à população negra livre. Evidentemente, os estados nortistas não podiam ser expulsos da União, mas ficavam expostos ao debate constitucional que tomava conta do país. A Reconstrução anulou muitas leis do Norte que ainda discriminavam com base na "raça" do indivíduo, particularmente dos imigrantes caribenhos e chineses, que não podiam naturalizar-se devido à cor da sua pele. Ela expressava a posição paradoxal de amplos estratos das elites do Norte, que eram contra a escravidão, mas não concebiam o negro como igual. Ainda que os caribenhos tenham finalmente recebido o direito à naturalização, o preconceito contra os chineses perduraria até a década de 1960, configurando uma mancha na história do relacionamento do governo norte-americano com a imigração.

A proposta de uma 14ª Emenda afirmava o crescimento da influência dos republicanos radicais. Esses deputados apoiavam o crescimento dos poderes do governo federal, uma consequência da Guerra Civil, ainda que requisitando o comando do governo para o Congresso. Eles se opunham à tradição localista, baseada num forte federalismo consolidado na defesa dos direitos dos estados, por entenderem que essas concepções obstruíam os esforços nacionais em defesa dos direitos de todos os americanos. Consequentemente, os radicais defendiam o empoderamento do governo federal visando à proteção dos direitos de todos os americanos. Ao longo do século XIX, essa atitude constituiu o mais sério desafio à ideologia descentralizadora; um movimento que só encontraria paralelo no New Deal (durante a Grande Depressão dos anos de 1930) e nas políticas dos direitos civis implementadas nos anos de 1960.

O presidente Johnson reagiu à proposta. Ele estava quase no meio do seu mandato e haveria eleições para o Congresso no final do ano. Naturalmente, a aprovação da 14ª Emenda tornou-se o centro da campanha. Johnson, que pretendia obter uma maioria de representantes democratas, aconselhou as legislaturas do Sul a não ratificarem a emenda e dez delas seguiram o conselho. O presidente justificou que a proteção federal dos direitos civis dos negros violava "toda a nossa experiência como povo". Ato contínuo, Johnson embarcou numa turnê para derrotar

148 ESTADOS UNIDOS

os radicais. A turnê constituía o que os americanos chamam "*a speaking tour*" (uma viagem de campanha), recebendo da imprensa o título "*Swing around the circle*" (em razão do roteiro ferroviário circular empreendido pelo presidente e seus acólitos). A turnê rapidamente mostrou-se um erro, pois o destempero verbal de Johnson acabava incitando conflitos de rua que contribuíram para desgastar ainda mais a imagem do presidente e dos seus seguidores, alienando muitos que poderiam tê-lo apoiado em outros contextos.

As atitudes de Johnson fortaleceram os vínculos entre as correntes republicanas e o partido alcançou um triunfo estrondoso nas eleições para o Congresso, obtendo mais de dois terços das cadeiras no Senado e na Câmara. A iniciativa política passava para o Congresso, que executaria algumas das principais medidas da Reconstrução militar do Sul. A mais importante dessas medidas foi a Lei de Reconstrução (*Reconstruction Act*), de 2 de março de 1867 (ver quadro adiante). A partir dessa lei, o Sul foi dividido em cinco distritos militares sob a autoridade de um comandante. O exercício de um mandato vitorioso seria essencial para preparar a volta dos estados sulistas à União. Esses distritos eram supervisionados por tropas do exército comandadas por um general da União. Cerca de 20 mil soldados ocuparam o Sul (ver Mapa 6).

A RECONSTRUÇÃO: DILEMAS DA AÇÃO ESTATAL NO SUL PÓS-GUERRA 149

Mapa 6 – Divisão do Sul em Distritos Militares

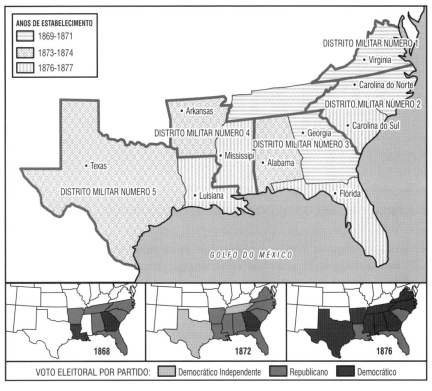

Após a Lei de Reconstrução (1867) o território da antiga Confederação
foi dividido em cinco distritos militares comandados por um general da União.
Essa divisão atendeu às demandas por extensão de direitos
e punição às lideranças ex-confederadas.

Foi nessas circunstâncias que os negros finalmente obtiveram o direito de voto. Essa abertura não incluiu as mulheres, fossem negras ou brancas, que permaneceriam sem direitos políticos pelas próximas cinco décadas, ainda que tenha permitido finalmente que elas tivessem o direito à propriedade. O presidente Johnson novamente vetou a medida, mas dessa vez o Congresso ignorou o veto presidencial e seguiu em frente como se Johnson não existisse. O poder presidencial se desmanchava rapidamente.

O Congresso também estipulou medidas para condicionar a reintegração dos estados separatistas à União. Esses estados teriam que ratificar a 14ª Emenda e garantir o direito de voto aos homens negros adultos se quisessem voltar à normalidade. Ainda que essas condições fossem

150 ESTADOS UNIDOS

consideradas severas pelos padrões da época, tais medidas não tocavam em dois aspectos importantes da vida dos negros: o acesso às terras e a educação a expensas do governo federal. Também não ficava evidente qual seria o comportamento dos estados após serem reintegrados à União, pois inexistia uma cláusula que obrigasse os estados a manter os compromissos assumidos em relação aos negros. Caso os democratas vencessem a eleição para governador ou dominassem as assembleias estaduais, corria-se o risco de que esses direitos fossem cassados. Todos esses receios deixavam manifesta a necessidade de incorporar o sufrágio negro à Constituição.

PRIMEIRA LEI DA RECONSTRUÇÃO (*RECONSTRUCTION ACT*)

Visto que não existem governos estaduais legalmente constituídos nem proteção adequada à vida ou à sociedade nos estados rebeldes da Virgínia, Carolina do Norte, Carolina do Sul, Geórgia, Mississipi, Alabama, Luisiana, Flórida, Texas e Arkansas; e visto ser necessário que a paz e a boa ordem sejam impostas nos ditos estados enquanto não se puderem estabelecer legalmente governos estaduais leais e republicanos,

Seção 1 – Ordena-se pelo Senado e Câmara de Representantes dos Estados Unidos reunidos em congresso, que os ditos estados rebeldes serão divididos em distritos militares e ficarão sujeitos à autoridade militar dos Estados Unidos como mais adiante se prescreve, e para essa proposta a Virgínia constituirá o primeiro distrito, a Carolina do Norte e a Carolina do Sul o segundo distrito, a Geórgia, o Alabama e a Flórida constituirão o terceiro distrito, o Mississipi e o Arkansas o quarto distrito, e a Luisiana e o Texas o quinto distrito.

Seção 2 – Ordena-se que será dever do presidente indicar para o comando de cada distrito um oficial do exército, de patente não inferior à de general de brigada, e destinar uma força militar suficiente para permitir ao mencionado oficial que cumpra suas obrigações e imponha sua autoridade no distrito para o qual foi indicado.

Seção 3 – Ordena-se que será obrigação de cada oficial designado, como acima se disse, proteger as pessoas, direitos e propriedades de todos, suprimir insurreições, desordens e violências, e punir, ou fazer que sejam punidos, os perturbadores da paz pública e criminosos; e para esse fim ele poderá permitir que tribunais locais tenham jurisdição para processar os transgressores, e quando no seu juízo for necessário julgar os perturbadores, ele terá a autoridade para organizar tribunais militares para esta finalidade, e toda a interferência da autoridade estadual no que diz respeito ao exercício da autoridade militar deve ser nula ou sem efeito.

Seção 4 – Ordena-se que todos os indivíduos colocados sobre detenção militar em função dos seus atos deverão ser julgados sem demora, e nenhuma punição cruel ou excepcional deverá ser infligida, e nenhuma sentença de quaisquer dos tribunais militares constituídos, afetando a liberdade ou a vida de qualquer pessoa, até que seja aprovada pelo oficial no comando do distrito, e as leis e regulamentos para o funcionamento do exército não deverão ser afetadas por esse ato, exceto na medida em que conflitem com suas disposições: entendendo-se que nenhuma sentença de morte deva ser executada sob as disposições desse ato, sem a aprovação do presidente.

Seção 5 – Ordena-se que, quando o povo de qualquer estado rebelde tiver formado um governo constituído que esteja em conformidade, em todos os aspectos, com a Constituição dos Estados Unidos, que seja redigida por uma convenção de delegados eleitos pelos cidadãos do sexo masculino do dito estado, maiores de vinte e um anos de idade, sejam quais forem sua raça, cor ou situação social prévia, residentes no dito estado há pelo menos um ano antes da citada eleição, excetuando-se os que podem ter sido privados dos direitos civis por participar da rebelião ou por crime previsto pela lei comum, e quando a dita constituição determinar que o privilégio do voto seja desfrutado por todas as pessoas que tiverem as qualificações acima expostas para os eleitores de delegados. E quando a dita constituição for ratificada por uma maioria das pessoas votando a questão da ratificação por uma quantidade de eleitores qualificados, e quando essa constituição tiver sido submetida ao congresso para exame e aprovação, e o Congresso a tiver aprovado, e quando o dito estado, pelo voto de seu legislativo eleito sob a vigência da dita constituição, tiver adotado a [Décima Quarta Emenda] e quando o dito artigo se tiver tornado parte da Constituição dos Estados Unidos e ao dito estado for conferido o direito de representação no Congresso, e senadores e deputados tenham sido admitidos e prestado o juramento, a partir de então as seções anteriores desta lei passarão a ser inoperantes no dito estado: Desde que, nenhuma pessoa excluída do privilégio de assumir cargo público segundo as estipulações daquela emenda à Constituição dos Estados Unidos, seja elegível como membro da convenção para estruturar uma constituição para quaisquer um dos estados ditos estados rebeldes, nem possam votar para membros dessa convenção.

Seção 6 – Ordena-se que até que representação da população dos estados rebeldes tenha sido admitida por lei, qualquer governo civil que possa neles existir deverá ser considerado como provisório estando sujeito, em todos os aspectos, à autoridade suprema dos Estados Unidos que poderá a qualquer momento, aboli-lo, modificá-lo, controlá-lo ou substituí-lo; e em todas as eleições para qualquer cargo sob a autoridade desse governo provisório todas as pessoas devem ser autorizadas a votar, exceto aqueles que estão designados sob os regulamentos da seção 5 deste ato; e nenhuma pessoa será elegível para qualquer cargos nos governos provisórios caso tenha sido desqualificada para exercer o cargo sob os regulamento do artigo 3 desta emenda constitucional.

Fonte: SYRETT, Harold C. (Org.). *Documentos históricos dos Estados Unidos*. São Paulo: Cultrix, 1960, p. 223.

152 ESTADOS UNIDOS

O *IMPEACHMENT* DE JOHNSON

Simultaneamente à aprovação da Lei da Reconstrução, o Congresso procurou restringir os poderes do presidente. Esse conflito deve ser entendido não apenas em relação à personalidade polêmica de Andrew Johnson, mas também à luz de certo ressentimento em relação à ampliação excessiva dos poderes presidenciais durante a guerra. De certa forma, ao propor uma Lei de Estabilidade dos Cargos (*Tenure of Office Act*), o Congresso protegia o secretário da Guerra Edwin Stanton, um aliado dos radicais que Johnson ameaçava demitir. Mas a medida afetava igualmente os poderes do presidente como comandante em chefe das forças militares, um poder atribuído pela Constituição.

Johnson reagiu como esperado, vetando os atos da Reconstrução, tentando limitar o poder dos comandantes militares em serviço no Sul e ordenando a remoção de funcionários que, como Stanton, eram simpáticos aos radicais. O próprio secretário da Guerra recusou-se a ceder o cargo, entrincheirando-se em seu escritório. A crise levou à abertura de um processo de *impeachment* contra o presidente no início de 1868, acusado por usurpação do poder. O processo foi longo e barulhento, durando três meses, mas no final Johnson foi absolvido da acusação por apenas um voto.

A tentativa de *impeachment* marca o início do fim da hegemonia radical no Congresso. Alguns republicanos moderados temiam as consequências do processo, inclusive porque o próximo homem na linha sucessória era o senador Benjamin Wade, um radical de Ohio que não lhes inspirava confiança. Talvez por essa razão sete republicanos moderados se juntaram aos democratas para impedir que as forças favoráveis ao *impeachment* obtivessem seu objetivo. Levaria mais de cem anos para que outro presidente, o republicano Richard Nixon, enfrentasse outra ameaça de *impeachment* em 1974. Dessa feita, Nixon renunciou antes que o processo fosse iniciado, sendo imediatamente perdoado por seu sucessor.

A ELEIÇÃO DE ULISSES GRANT

Após o processo de *impeachment*, Johnson perdeu completamente a iniciativa. Da mesma forma, diminuiu o ímpeto radical no Congresso. A situação permitiu que os republicanos indicassem Ulisses S. Grant como seu candidato nas eleições de 1868. Grant tinha sido o comandante em chefe de Lincoln que levou os exércitos da União à vitória na Virgínia, além de ter comandado os primeiros dois anos da campanha exitosa no teatro do Mississipi, que levou à captura de Vicksburg em 1863. Além de um herói de guerra, sua biografia parecia um caso de sucesso tipicamente americano, indo da falência e alcoolismo no período anterior à eclosão do conflito a uma posição de destaque nas forças armadas devido aos seus inegáveis méritos como comandante militar.

Apesar de todas essas credenciais e de contar com o voto negro no Sul, a vitória de Grant foi incrivelmente apertada. Ele disputou contra o ex-governador de Nova York, o democrata Horatio Seymour, vencendo por uma diferença de 300 mil votos num universo de 6 milhões de eleitores. Apesar dos sinais de declínio do ímpeto reformista, a vitória de Grant forneceu o estímulo para que os republicanos apresentassem uma emenda garantindo o voto dos negros na Constituição.

General Ulysses S. Grant

As vitórias de Grant no Mississipi o qualificaram para assumir a ofensiva contra os exércitos da Virgínia, tornando-o o principal comandante militar da União e futuro presidente dos EUA entre 1869-1877.

154 ESTADOS UNIDOS

A 15ª Emenda, proposta em 1869, foi ratificada pelo Congresso em 1870 (ver quadro). Ela garantia o direito de voto a todos os homens adultos que fossem cidadãos dos Estados Unidos, excluindo as barreiras de raça. Essa Emenda avançava o ciclo da legislação reformista adicionada à Constituição a partir de 1865. Ela também demarcou a última importante intervenção legal federal nos assuntos dos estados. Do ponto de vista da legislação, a 15ª Emenda pretendia consolidar os direitos dos negros, mas deixou uma lacuna ao ignorar a luta das mulheres pelo direito ao sufrágio, uma situação que levaria a um rompimento entre as causas do sufragismo feminino e da integração do negro.

15ª EMENDA

[Ratificada em 30 de março de 1870.]

Seção 1 – O direito de votar dos cidadãos dos Estados Unidos não será negado nem cerceado pelos Estados Unidos ou por qualquer estado em virtude de raça, cor, ou condição anterior de servidão.

Seção 2 – O Congresso terá poder de fazer cumprir este artigo mediante legislação apropriada.

Fonte: Disponível em: <https://constitutioncenter.org/interactive-constitution/amendment/amendment-xv>. Tradução nossa.

AS TRANSFORMAÇÕES DA RECONSTRUÇÃO NO SUL

A decisão de estender o voto aos negros decorreu de vários fatores. O primeiro deles foi a luta dos ex-escravos por direitos no Sul. Organizados através das suas igrejas e locais de trabalho na busca por direitos de cidadania, era natural que os negros buscassem o direito de eleger e serem eleitos. Por outro lado, essa transformação vinha ao encontro dos republicanos, interessados em desenvolver sua agremiação no Sul. Para ser competitivo, o partido precisava do voto negro nos estados da antiga Confederação. A aliança entre os negros e o Partido Republicano era parte da visão que entendia o governo federal como um aliado fundamental nas lutas por integração racial. O fortalecimento do governo durante a Guerra Civil tornou o Estado nacional norte-americano um importante parceiro na luta pela transformação do Sul. Os desastrados primeiros meses da administração de Johnson ajudaram no alinhamento da opinião pública do Norte.

Dessa forma, criou-se o ambiente para a expansão das liberdades numa perspectiva de transformação das realidades sulistas, um fenômeno que foi definido por um deputado como "uma revolução constitucional".

Além dos negros, o Partido Republicano era apoiado por grupos brancos que haviam se mantido fiéis à União durante a guerra ou que aderiram a ele logo após o seu término. Muitos deles eram ex-whigs, mas a maioria provinha de microrregiões nas quais a escravidão não tinha sido importante. Esses grupos sentiam-se oprimidos pela aristocracia escravista que dominara a política do Sul até então. Muitos deles integraram a coalizão republicana por um desejo de transformar a estrutura social do Sul numa região mais aberta às oportunidades, particularmente à ampliação da educação. Eles se aproveitaram da cassação de direitos das principais lideranças regionais, ocupando um vazio político. Foram chamados pejorativamente de "*Scallawags*", por seus adversários, uma gíria sulista cujo significado aponta para animais de baixo valor nas fazendas.

Outro grupo importante foi o de forasteiros que se fixaram no Sul após a guerra. Esse grupo reunia negros e brancos, muitos servindo nas forças militares. Foram chamados pelos sulistas "*carpetbaggers*", termo igualmente pejorativo que remete a certo tipo de trouxa de bagagens feita de feltro ou outros materiais usados na confecção de tapetes. Ele retrata a visão sulista de exploradores sem recursos vindos do Norte para tirar vantagens das dificuldades da região. O termo foi aplicado a praticamente todos os forasteiros que se fixaram no Sul durante o período da Reconstrução.

Se não é totalmente inverídico que havia um contingente significativo de comerciantes e especuladores, também não é exagerado relatar que muitos dos forasteiros contribuíram com os seus conhecimentos para a melhoria das condições da região, e que parte significativa esposava um desejo sincero de lá permanecer. O grupo incluía oficiais do exército da União, pastores, professores e veteranos negros do Norte.

Um grande número de forasteiros acabaria eleito como governadores republicanos ou participaria como deputados e senadores nas novas representações sulistas. O voto negro, em coalizão a outros grupos que apoiavam às reformas foi fundamental para que os republicanos vencessem na maioria dos estados da região no período entre 1868 e 1876. Essa situação levou à eleição de mais de 14 congressistas negros e dois senadores (o terceiro senador negro dos EUA seria Barack Obama). Os negros também serviram como vice-governadores, deputados estaduais, prefeitos, juízes e

156 ESTADOS UNIDOS

xerifes, além de participarem ativamente das convenções republicanas. Também se destacaram nas convenções estaduais que reescreveram as respectivas constituições de cada estado.

A política da Reconstrução obteve vários avanços nos estados. Entre eles, destacaram-se a dessegregação do transporte público, da composição dos júris e do acesso geral a serviços. Os republicanos também estabeleceram uma rede pública de educação básica, que chegou a abranger quase metade da população em idade escolar. Ainda que a maioria dessas escolas fosse segregada, sua instalação representou um avanço até mesmo para os brancos mais pobres. Também houve um esforço para a cobrança equitativa de impostos, que normalmente eram lançados apenas sobre os mais pobres. Do mesmo modo, houve uma aplicação mais diversificada dos recursos financeiros empregados em obras públicas, sobretudo na reparação de estradas e pontes. Lamentavelmente, parte desses recursos acabou sendo desviada para a construção de ferrovias, uma febre no período devido à crença de que a indústria ferroviária aceleraria o desenvolvimento da região. Como o Oeste também apresentava excelentes condições para a expansão da malha, a competição por recursos acabou levando a uma guerra tarifária entre os estados. Nenhuma outra atividade gerou tanta corrupção quanto os subsídios ferroviários.

PARADOXOS DA RECONSTRUÇÃO RADICAL

Não foram apenas os libertos que receberam atenção das autoridades, nem as políticas da Reconstrução restringiram-se ao Sul. Houve vários conflitos a respeito das formas de trabalho compulsório que se mantiveram após o fim da escravidão e muitos desses conflitos ocorreram nos estados do Oeste, uma fronteira multirracial na qual sistemas de trabalho compulsórios confrontaram a autoridade do governo republicano. Nesse sentido, as lutas centrais do pós-guerra visavam ao mapeamento dos limites da autoridade estatal no intuito de determinar como o governo federal interviria para restringir o poder coercitivo de empregadores, corporações e estados.

Quando a guerra acabou, ainda havia tribos indígenas que mantinham a escravidão negra, muitas das quais se aliaram ao Sul durante o conflito. O tratado de 1866, firmado entre o governo federal e as nações Choctaw/Chicasaw, pretendeu resolver esse problema através dos limites definidos pela 13ª e 14ª Emendas. O tratado emancipou os escravos negros dos indígenas, mas também afetou a soberania indígena sobre suas terras, autônomas em relação à jurisdição do governo dos Estados Unidos. Nesse caso, a pressão antiescravista atuou como um instrumento complexo do avanço do poder público, ilustrando o caráter por vezes contraditório da Reconstrução. Como essas tribos não eram consideradas parte dos Estados Unidos, a jurisdição federal sobre seus territórios era, no mínimo, ambivalente.

Também persistiam situações de trabalho compulsório, tais como a peonagem e a servidão dos indígenas no Novo México e a exploração dos "*coolies*" (como eram pejorativamente chamados os imigrantes chineses) na Califórnia. A peonagem foi instituição herdada da colonização espanhola que se manteve após a invasão da região pelos Estados Unidos. Da mesma forma, a servidão era comum nessas regiões mais afastadas nas quais grupos indígenas subordinados forneciam a mão de obra. O governo republicano foi capaz de confrontar com sucesso as situações de servidão indígena, ainda que soluções para a questão da peonagem viessem a ser estabelecidas de maneira lenta e conflituosa, já que faltava ao governo federal a capacidade de impor sua visão sobre as formas adequadas de trabalho sobre os territórios, particularmente aqueles nos quais sua jurisdição era afirmada de forma mais problemática.

Ao mesmo tempo, a defesa da autonomia individual e da mobilidade ascendente, pedras basilares do credo liberal, levou os mesmos republicanos a baterem-se pela exclusão dos imigrantes chineses. Isso se deu a partir do entendimento de que os *coolies* seriam servis e dependentes num nível que excluiria sua assimilação como trabalhadores livres. A posição federal permitiu que os imigrantes chineses fossem vítimas de exploração e discriminação acentuadas nas décadas seguintes.

As situações de persistência da peonagem e da exploração continuada dos *coolies* evidenciam os limites da ação do governo federal frente a forças locais e costumes de exploração do trabalho, que pareciam arraigados nas paisagens do Novo México e da Califórnia. Demonstram também que muitas das concepções ideológicas dos republicanos eram insuficientes para lidar com o grau de complexidade das realidades da fronteira Oeste daquela República, uma fronteira multicultural, cuja diversidade era incompreendida pelas autoridades em Washington.

Por outro lado, nenhum grupo foi mais atingido pelas políticas estatais que os indígenas vivendo nos estados do Oeste. Assim, as leis e emendas que referendaram a cidadania em escala nacional pretendiam que os nativos abraçassem uma matriz de valores e comportamentos que incluíam os princípios da propriedade privada e os hábitos da colonização, da orientação para o mercado e do lar patriarcal. Essa política de civilização coercitiva foi fatal para aquelas tribos que insistiam em viver de acordo com os seus costumes. A partir da condição de rivais na disputa pelo uso do solo norte-americano, as tribos indígenas representaram um desafio direto à ideia do solo livre.

A política de paz da presidência de Ulysses S. Grant (1869-1876) procurou destribalizar os índios, substituindo sua vida comunal e a posse coletiva das terras por um sistema agrícola patriarcal. Dessa forma, no que diz respeito aos grupos nativos, as novas concepções de cidadania funcionaram como uma ferramenta disciplinar do Estado, não como um caminho para a cidadania indígena. As políticas de remoção forçada e as campanhas militares contra os grupos rebeldes dizimaram a maior parte das nações indígenas remanescentes.

OS "REDENTORES" E O FIM DA RECONSTRUÇÃO

A ampliação dos direitos dos negros e a ocupação militar do Sul não foram aceitas de braços cruzados pelas elites sulistas. Esses setores nunca aceitaram a igualdade legal com um grupo étnico que eles consideravam racialmente inferior. A violência contra lideranças negras e republicanas foi o caminho escolhido para amedrontar ou eliminar os indivíduos que estavam na linha de frente da transformação, através da criação de um reino de terror no Sul.

No campo das crenças e representações, a contrarrevolução sulista, baseada na manutenção da supremacia racial branca, derivou em grande medida da manutenção de uma moral cristã que antecedia à eclosão da rebelião. Esse padrão era sustentado pelos ramos sulistas das Igrejas Batista, Metodista e Presbiteriana, que atuaram como uma força coerente e continuaram a plasmar a cultura política da região. Elas constituíram uma teologia da supremacia branca, em oposição aos ideais milenaristas que prevaleciam nos ramos nortistas das mesmas denominações. Aos poucos, foram sendo realizadas cerimônias em comemoração a passagens da guerra, bem como se instaurou um culto aos heróis militares sulistas que décadas depois seria sedimentado na multiplicação de monumentos laudatórios em vários estados do Sul.

A Ku Klux Klan foi a principal dentre as várias organizações terroristas que surgiram na região durante o período da Reconstrução. Também era conhecida como "Império Invisível do Sul". Foi criada no estado do Tennessee em 1866. A Klan serviu efetivamente como um braço armado do Partido Democrata. Ela, assim como outras instituições do mesmo gênero, era comandada por fazendeiros, comerciantes e políticos democratas que gostavam de intitular-se "cidadãos de bem". Os supremacistas humilhavam publicamente, surravam e muitas vezes assassinavam seus adversários. Mas o principal objetivo dessas organizações era impedir que os negros e seus aliados votassem nas eleições e para isso não economizaram esforços para ameaçar seus adversários.

Como não tinham condições de reprimir essas ações com os recursos de que dispunham, os governos republicanos do Sul apelaram para o apoio do governo federal. Em 1870 e 1871, o governo Grant adotou três medidas de emergência, os *Force Acts*. Através dessas medidas, o presidente recebeu poderes especiais para garantir a segurança das eleições através do envio de tropas do exército comandadas por delegados federais. O Congresso também criou um comitê conjunto (das duas casas) para investigar os atos de violência cometidos pela Klan. Os depoimentos prestados à Comissão expuseram as representações do terror que essa organização suportou e os traumas decorrentes da violência e das injúrias recebidas, num contexto opressivo e violento.

A despeito dessas ações, o governo Grant estava desgastado. Denúncias de corrupção, envolvendo principalmente subsídios para estradas de ferro, minaram lentamente o prestígio da administração e de seu líder. O governo também sofreu com o desgaste promovido pelo apoio aos negros do Sul, na medida em que a opinião pública do Norte voltava-se cada vez mais para a solução de seus problemas imediatos, afastando-se das grandes discussões nacionais que haviam dominado o período inicial do pós-guerra. A questão central passou a ser quanto tempo o governo conseguiria manter o compromisso de defender as reformas no Sul, ou seja, qual o limite da opinião pública para apoiar as políticas reformistas na região.

No Norte, o ataque à Reconstrução foi liderado pelos democratas e por alguns republicanos mais moralistas e menos comprometidos com a causa da reforma. Ele expressou as consequências de uma mudança de geração, com o desaparecimento de parte dos líderes que haviam comandado o período das reformas, homens como Charles Sumner, segundo quem as pretensões dos ex-escravagistas deveriam ser contidas pela autoridade nacional. Esses nomes foram substituídos por indivíduos mais interessados no progresso material proporcionado pelo desenvolvimento acelerado do que na integração pelo Estado dos grupos mais vulneráveis.

160 ESTADOS UNIDOS

A passagem do bastão implicou um compromisso visivelmente menor com a defesa dos direitos para todos. Esse processo se materializou numa diminuição do número de tropas enviadas ao Sul para proteger a lisura das eleições. O apoio do governo federal ainda era essencial em meados da década de 1870. Sem ele, as forças locais, majoritariamente reacionárias, retomariam a iniciativa, pois se mantinham armadas e eram apoiadas pelos grandes interesses econômicos da região.

A campanha de intimidação levou à morte muitos republicanos importantes, incluindo um senador branco, um juiz e centenas de ativistas negros, além de parlamentares, líderes religiosos e chefes políticos locais. Esses ataques visavam à eliminação ou à neutralização das lideranças negras que lutavam por igualdade de oportunidades entre as "raças". Os tribunais locais, em geral integrados apenas por júris brancos, sistematicamente se recusavam a condenar os perpetradores. Aos poucos, sobretudo como resultado dessas ações, os governos do Sul foram voltando para as mãos dos democratas, uma tendência de domínio partidário que se manteria até a década de 1970.

Em 1874, os democratas assumiram o controle da Câmara dos Deputados, um degrau importante em direção à Casa Branca. A eleição presidencial de 1876 foi um marco para o final da Reconstrução. Nela se apresentaram o republicano Rutherford B. Hays, governador do estado de Ohio, contra Samuel J. Tilden, governador democrata de Nova York. A eleição foi bastante apertada. Tilden ganhou no voto popular, mas havia dúvidas em relação à proporção dos delegados que caberia a cada candidato, porque três estados do Sul, Luisiana, Flórida e Carolina do Sul, eram disputados por ambos os partidos.

Mais uma eleição nos Estados Unidos tinha seu resultado contestado, pois havia dúvidas sobre cerca de 20 delegados. O Congresso criou uma comissão formada por 5 senadores, 5 deputados federais e 5 juízes da Suprema Corte. Desses 15 indivíduos, 8 eram republicanos e 7 democratas. Tal como esperado, a comissão decidiu pela vitória de Hays, que ficou com 185 delegados contra 184 do seu rival.

Evidentemente, esse resultado foi muito criticado pelos democratas e uma crise política parecia inevitável. Foi nesse contexto que negociações por debaixo dos panos tiveram lugar. Para aplacar o descontentamento dos sulistas, os republicanos prometeram que o governo apoiaria a construção de uma ferrovia que ligaria a Luisiana ao Pacífico. Promessa ainda mais significativa foi a da retirada da maioria das tropas federais do Sul, devolvendo na prática o controle daqueles estados aos democratas. A mensagem era clara: Hays não imporia a 14ª e a 15ª Emendas, inaugurando um padrão de inação executiva na região que permitiria o predomínio da oligarquia sulista.

Mapa 7 – Estados do Sul com as datas da readmissão à União e da eleição que produziu o controle democrata da legislatura e do governo

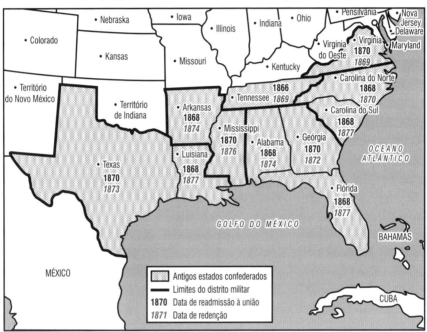

Acima aparecem as datas nas quais as legislaturas dos estados confederados aceitaram a 14ª Emenda. Esse posicionamento permitiu sua reincorporação à União. Abaixo aparecem as datas nas quais administrações democratas retomaram o controle desses estados, dando início ao processo conhecido como "Redenção".

O domínio da política sulista pelas antigas elites escravistas impôs um padrão de crescente exclusão aos negros, sedimentado pela progressiva segregação racial, uma espécie de "segunda escravidão", tal como proclamado por um governador republicano do Tennessee. Com as oportunidades se fechando e o aumento da violência se alastrando através de cidades e condados, sem aliados no plano nacional e isolados localmente, restaram poucas alternativas aos negros. Ao longo das décadas seguintes, aqueles que tinham condições foram para o Norte, estabelecendo a gigantesca

162 ESTADOS UNIDOS

migração que dominaria aquele período. Mas a maioria permaneceu no Sul, sujeita às regras segregacionistas conhecidas como "Jim Crow".

Os democratas anunciaram sua vitória como uma "Redenção", um termo desde então associado ao avanço das forças supremacistas na região. A Redenção resultou de uma combinação da persistência da resistência branca sulista, através do emprego da violência e da coerção, a um decréscimo da vontade política nortista para apoiar a Reconstrução. Ela demonstrou que a ligação simbólica à Confederação, ou pelo menos a uma identidade sulista em separado, estendeu-se além do período de existência do Estado Confederado, justificando um dito popular que sustenta, de forma cruel, que "o Sul perdeu a guerra, mas ganhou a paz". Ele indica, entre outras coisas, que a mentalidade sulista foi menos atingida pela derrota que a realidade física de suas cidades. Consequentemente, a amargura da porção branca da população sulista fermentou intenções que favoreciam comportamentos, ideologias e estruturas sociais que antecediam à guerra. A permanência dessas atitudes ressalta o que o autor Gregory P. Downs definiu como "a teimosa tenacidade do passado".

CONCLUSÃO

A era da Reconstrução pode ser entendida como uma janela de oportunidades durante a qual reformas importantes foram postas em prática, destacando-se a emancipação de quase 4 milhões de pessoas e a destruição do sistema de *plantation* no Sul. Nesse contexto, a atuação do Estado nacional e de suas organizações, principalmente o exército, associou-se a ações positivas, que transformaram o caráter da cidadania norte-americana através da sua nacionalização e da redução da autoridade dos estados pelo cerceamento do poder das elites locais.

As experiências da Guerra Civil e da Reconstrução radical redundaram na destruição temporária da autoridade da oligarquia sulista, que exercia uma influência reacionária sobre a organização nacional, tanto pelos obstáculos criados internamente, quanto pela ameaça de expansão do escravismo no plano internacional. A derrota do Sul levou a um fortalecimento sem precedentes das prerrogativas do Estado nacional, desacorrentado das amarras que limitavam suas ações no período pré-guerra. O Estado tornou-se não apenas o propulsor do desenvolvimento econômico, mas a principal arena de defesa da expansão dos direitos, tendo como sua principal ferramenta a atuação de um exército vencedor.

Eric Foner redefiniu esse período como a "revolução inacabada", destacando sua centralidade para as mudanças nos padrões de comportamento da população frente ao Estado nacional, ao lado do fracasso em promover uma integração efetiva do negro ou a proteção do trabalhador em geral. O trabalho de Foner reavaliou o processo de reconstrução do Sul dos Estados Unidos após a vitória da União como um momento significativo de mudanças, ressaltando a aliança entre o Partido Republicano, o exército e os libertos, no contexto daquilo que Lincoln denominou "o segundo parto da liberdade". A história seria muito bonita se tivesse terminado por aí, mas os caminhos tomados pela política dos Estados Unidos mostraram-se pouco promissores em termos das aspirações por integração racial e extensão da cidadania que marcaram os anos imediatamente posteriores ao final do conflito.

A despeito da ruína militar, o nacionalismo confederado foi capaz de persistir, muitas vezes expurgando os aspectos mais nefastos da existência física dos Estados Confederados da América da memória popular e simultaneamente criando uma versão idealizada de seu próprio passado. Por volta de 1890, essa memória já estava bem cristalizada. E a vitória dos derrotados no campo de batalha se consolidou através do exercício da violência contra os ex-escravos, expurgando os direitos que lhes restaram. É a partir desse momento que, comandada por administrações estaduais democratas, as lideranças sulistas começaram a erigir os monumentos aos líderes confederados. O processo foi bastante intenso durante os 50 anos seguintes. Ele se mesclou com o ressurgimento do Partido Democrata no Sul, gerando um predomínio político que duraria até o final da década de 1960: um capítulo da história do partido que suas lideranças atuais gostariam de esquecer.

A despeito dos avanços obtidos após o final da Guerra Civil, a retirada das tropas colocou em risco novamente a integridade física dos negros, demonstrando a limitação do governo federal para protegê-los de uma tradição violenta e intimidante, que persistiu no assim chamado "novo Sul". A herança da escravidão continuou a influenciar a economia política norte-americana, comprometendo o processo de transição da escravidão para a liberdade. O *continuum* de violência contra os negros alongando-se do campo para as cidades através da violência policial

164 ESTADOS UNIDOS

levanta questões traumáticas a respeito da narrativa da Guerra Civil e do período subsequente a sua conclusão, sugerindo que o mundo que a guerra criou permaneceu imerso em concepções de cidadania muito pouco igualitárias.

AS BATALHAS SOBRE A RECONSTRUÇÃO

A discussão sobre as consequências da Guerra Civil constitui campo central dos debates sobre a extensão da cidadania e a ampliação da ação estatal naquela república. Essa circunstância imprime forte demanda por originalidade aos trabalhos publicados pelas novas gerações, especialmente naquilo que toca à natureza do Estado que emergiu daquela contenda. Esse movimento implica tanto a escolha de novos temas, quanto a revisão dos cânones centrais da tradição anterior.

Os argumentos historiográficos sobre o período começaram a ser formulados no início do século XX através dos trabalhos de um historiador da universidade de Columbia chamado William A. Dunning e seus discípulos, influenciados pelo espírito de reconciliação que prevalecia naquela época, além das noções de inferioridade racial que preponderavam na antropologia e na sociologia produzidas naquele período. Esses historiadores ficariam conhecidos como a Escola Dunning. Eles retrataram a Reconstrução como uma desgraça quase tão grande como a secessão.

Em 1935 o historiador negro W. E. B. Dubois escreveu um livro monumental simpático à Reconstrução. Ainda que tenha sido praticamente ignorado pela Academia o trabalho de Dubois tornou-se a base das representações históricas produzidas a partir do final da Segunda Guerra Mundial. Ele valorizava o papel do negro e de seus aliados congregados nas instituições que surgiram e atuaram no Sul durante aquele processo.

Mais recentemente Eric Foner recuperou argumentos dos historiadores produzidos a partir do movimento pelos direitos civis no seu livro *Reconstruction: America's Unfinished Revolution* (Reconstrução: a revolução inacabada da América). O trabalho de Foner operou sobre a dicotomia escravidão/liberdade, na qual a guerra atuaria como o grande vetor das transformações que elevaram a posição dos negros. Essa visão, que sobressaiu nos últimos cinquenta anos, derivou do impulso pelos direitos civis, que galvanizou o país a partir dos movimentos de contestação do *status quo* e da reconsideração do passado à luz das tremendas desigualdades raciais e de gênero, do combate à segregação e das lutas por inclusão social envolvendo negros, mulheres, índios e outras minorias. A percepção de que o país que ajudou a derrotar o nazifascismo discriminava parcelas expressivas da sua própria população causava desconforto na opinião pública. Essa sensação, potencializada pelos traumas da Guerra Fria, estimulou gerações de historiadores a mergulharem numa época em que foi possível pensar a construção de uma sociedade multiétnica, a partir da ação de um Estado nacional de caráter reformista. Um período da história dos Estados Unidos durante o qual capitalismo e reforma social pareceram caminhar unidos. O trabalho de Foner é tributário dessas transformações dando vida aos atores políticos que comandaram a luta no Sul, bem como ao protagonismo dos radicais republicanos em sua luta pela extensão dos direitos.

No começo do século XXI o trabalho de Steven Hahn colaborou para a demolição do mito do escravo submisso. No seu estudo sobre as seis primeiras décadas após a abolição Hahn demonstrou tanto a assertividade quando a ingenuidade dos afro-americanos durante o processo de criação de novas oportunidades políticas após a emancipação.

Os trabalhos mais recentes buscam superar o que ficou conhecido como "a narrativa da liberdade". O que vem sendo contestado por essas pesquisas é uma forma de descrever o conflito e suas consequências a partir das transformações que levaram à emancipação dos escravos, a aprovação de três emendas que universalizaram a cidadania e o crescimento vertiginoso do poder de intervenção do Estado nacional.

Para esses autores houve várias "reconstruções" simultâneas ao longo do período, incluindo aquela que permitiu a reorganização da economia política dos Estados Unidos, definindo o curso de uma ação crescentemente corporativa, capitalista e intervencionista na América Latina a partir da década de 1890. Esses historiadores contestam a força do Estado nacional para lidar com as questões da reorganização da nação apontando, corretamente, que o Estado foi mais forte quando próximo dos centros urbanos, seu poder diminuído consideravelmente à medida que se afastava das áreas urbanas. Portanto, a capacidade estatal de ordenar esteve sempre limitada pela ação de grupos, cuja agenda opunha-se às pautas reformistas.

As críticas atuais partem geralmente da percepção de que persiste a discriminação, que penaliza minorias e imigrantes. Da constatação de que várias das promessas reformistas dos movimentos pelos direitos civis não se cumpriram. Da persistência de um processo de marginalização de amplos setores da sociedade norte-americana, a despeito de anos de políticas de ação afirmativa. Da comprovação de que essa situação é apoiada por setores da população. E da constatação das limitações do Estado que surgiu no pós-guerra civil. A pauta aqui enfatiza as continuidades, preocupando-se em entender os elementos que possibilitaram a manutenção das estruturas elitistas que permaneceram ativas no mundo criado pela Guerra Civil. Esse movimento de revisão do revisionismo foi denominado pela historiadora israelense Yael A. Sternhell como "*The Antiwar Turn*". Integram essa nova corrente de interpretação, entre outros, os historiadores Gregory P. Downs e Kate Mansur, que organizaram a mais recente contribuição à literatura sobre a Reconstrução, uma coletânea intitulada *The World the Civil War Made* (O mundo que a Guerra Civil criou).

Também no cinema a Reconstrução recebeu visões críticas, a despeito da sua contribuição para a causa da extensão dos direitos a todos, principalmente através do filme *Um estado de liberdade*, de Gary Ross (2016), baseado na história real do condado de Jones no Mississipi, onde grupos de desertores sulistas brancos aliaram-se a negros fugitivos numa coalizão anticonfederada. O filme explora os conflitos políticos do Sul após a derrota mostrando a ambivalência do governo federal frente aos conflitos entre republicanos e democratas na região. Por sua parte, o cineasta negro Spike Lee homenageou a Reconstrução ao nomear sua produtora como "*40 Acres and a Mule*", um tributo à fracassada política de distribuição de terras no pós-guerra.

Recapitulando

Os Estados Unidos pertencem ao grupo de países para os quais a ameaça separatista constituiu um elemento central na formação de uma orientação nacionalista e na cristalização da unidade territorial. A república que os pais fundadores pretenderam criar foi inicialmente controlada por uma elite que se via como uma aristocracia de talento. Esses homens hesitavam entre o sentimento popular, que repudiava muitos dos signos das monarquias europeias, e a necessidade de uma união mais perfeita, isto é, de uma autoridade central mais forte, que era vital para manter a independência e garantir um consenso mínimo entre os estados membros. A Constituição federal foi ratificada para que o governo central dispusesse de poder suficiente para conduzir as relações internacionais e fortalecer o poder da elite política nacional. Ela foi formulada também com o objetivo de manter a unidade entre um grupo muito diverso de comunidades políticas.

168 ESTADOS UNIDOS

Alguns queriam que a República se transformasse num Estado forte e poderoso, outros preferiam manter a estrutura agrária, que beneficiava os agricultores independentes. Mas o fato é que esses homens não podiam controlar o avanço das capacidades industriais, deslanchadas pelo desenvolvimento tecnológico, que patenteava cada vez mais invenções. Nem tinham como impedir o crescimento do comércio, que enriquecia uma camada de indivíduos situados em portos estratégicos, que pouco a pouco se transformavam em grandes polos urbanos. A despeito do distanciamento social entre os mais ricos e o resto da população, os Estados Unidos eram diferentes devido à existência de uma fronteira aberta, que no Norte continuava gerando oportunidades. Mas também eram distintos devido ao compromisso do governo de atuar com extrema moderação em relação a uma instituição bastante arraigada: a escravidão.

Ao longo deste livro assinalei o percurso acidentado do processo de construção do Estado nacional norte-americano numa sociedade aparentemente avessa às estruturas mais centralizadas que remetiam à experiência europeia. Essa discussão foi desenvolvida tomando como base o desenvolvimento institucional descentralizado daquela república, ressaltando as diferentes etapas percorridas pelo processo democrático e pela competição partidária. Os partidos, em geral, constituíram organizações nacionais não ideológicas, que amalgamavam os interesses de grupos locais. Eles não foram previstos pelos pais fundadores, impondo-se justamente devido às demandas por participação dos homens brancos adultos, por seu desejo de ter mais voz nos assuntos que afetavam suas vidas e anseios.

Foi a partir do chamado "segundo sistema partidário" que o país se tornou uma democracia de massas, incluindo quase todos os homens brancos adultos nos processos de escolha. O historiador Eric Foner observou que o direito de voto foi crescentemente associado à cidadania, uma vez que o sufrágio era um privilégio sujeito à sanção dos estados. Esses cidadãos se relacionavam aos partidos através do sistema de espólios, uma enorme rede de troca de favores e cargos que integrava os eleitores às máquinas partidárias locais. Dessa forma, a democracia americana antecipa alguns dos aspectos das modernas democracias, ao instituir um sistema partidário com participação elevada, estimulada pela possibilidade de ocupação temporária dos cargos públicos, ainda que no plano executivo a operação desse sistema tenha sido limitada pela existência de um Colégio Eleitoral.

RECAPITULANDO 169

O desenvolvimento das forças democráticas não foi acompanhado pelo fortalecimento do poder público. Até a Guerra Civil, os Estados Unidos não constituíram um Estado nacional consolidado. A República não formou uma burocracia, um funcionalismo de carreira, ou uma universidade nacional, elementos mais comuns nos países da Europa Ocidental. O Estado americano se ressentiu da falta de especialização porque o sistema de espólios estimulava uma rotatividade permanente dos cargos. Essa situação acabou fortalecendo os interesses do Sul, crescentemente associados à defesa da escravidão porque a própria existência da escravidão debilitava o Estado nacional na sua autoridade de impor limites aos estados membros.

As elites sulistas eram as mais renitentes defensoras dos direitos dos estados que mantinham o país como um imenso agregado de territórios semiautônomos, que compartilhavam alguns interesses comuns. Elas se beneficiaram economicamente do crescimento da escravidão a partir do *boom* do algodão, que teve início por volta de 1790, integrando a região aos setores de ponta do capitalismo internacional. Aos poucos, os sulistas usaram sua influência em certas áreas do governo, especialmente na diplomacia e no exército, para defender políticas específicas aos seus interesses, especialmente o expansionismo territorial, que afetava as relações com os índios e com as repúblicas das Américas do Norte e Central, avançando sobre antigos domínios coloniais hispânicos, cuja soberania a diplomacia dos Estados Unidos relutou em reconhecer quando foi do seu interesse.

Os negros e os índios, junto com as mulheres, foram excluídos da expansão democrática. Os índios foram progressivamente despojados de suas terras e do seu modo de vida, uma situação que levou a um processo de limpeza étnica, marcado pela extinção de tribos e culturas que não resistiram à marcha irreprimível da migração interna. Os negros foram sujeitos a formas de exploração intensas, especialmente a partir do grande avanço para o Oeste, que acelerou o tráfico interno, ameaçando a existência das famílias negras e de outras conquistas que haviam sido obtidas ao longo de mais de um século de conflitos e negociações. As mulheres permaneceram alijadas do direito de voto, ainda que muitas mulheres brancas tenham se beneficiado dos direitos civis, incluindo o direito à propriedade.

Por volta de 1850, os Estados Unidos continentais já possuíam o desenho territorial contemporâneo. O Alasca, o Havaí e Porto Rico seriam anexados posteriormente. Mas essa unidade territorial era ilusória quando se leva em conta o impulso separatista que partia da defesa dos interesses

170 ESTADOS UNIDOS

escravistas na União. Fosse como chantagem, fosse como um real projeto de nação, as lideranças sulistas permanentemente questionaram seu lugar na União, acusando os setores do Norte de colocá-los numa posição subalterna. A defesa da escravidão chocava-se com novos conceitos da nacionalidade, muito fortes a partir das revoluções europeias de 1848.

Os novos conceitos eram críticos em relação à concepção de uma nação dividida entre a porção escravista e a parte livre, que gerava uma negociação permanente entre as regiões. Muitos dos futuros republicanos aprenderam os novos sentidos do nacionalismo emergindo das revoluções liberais da experiência fracassada das rebeliões europeias. Muitos líderes buscaram exílio nos Estados Unidos, onde tiveram a oportunidade de interagir com as lideranças nacionais. Sob as novas concepções o Estado deveria possuir uma organização uniforme baseada em algum princípio, fosse a língua, a religião ou o trabalho livre. Como observou o historiador Thomas Bender, após 1848 o nascimento dos Estados-nação modernos na Europa e nas Américas constituiu um processo internacional de consolidação estatal de alcance global. A tensão seccional foi uma consequência desse confronto de entendimentos sobre qual tipo de nação os EUA deveriam ser, tornando-se um elemento permanente da política daquela República a partir da década de 1850 e levando à formação de um terceiro sistema partidário a partir de 1854. Esses movimentos contribuiriam para incluir os Estados Unidos como parte da crise federativa global.

A separação e a guerra que ocorreram após a eleição do republicano Abraham Lincoln tiveram impactos em várias partes das Américas. A contenda testou os limites do sistema democrático num desafio a sua capacidade de manter a nação unida contra os movimentos da aristocracia sulista. Ao longo do conflito Lincoln tomou consciência do que muitos liberais na Europa e na América Latina vinham sentindo: que uma vitória da União afirmaria a impossibilidade da escravidão e da monarquia no continente, ao implodir o principal grupo escravista do hemisfério, redefinindo o nacionalismo dos Estados Unidos a partir do trabalho livre. Lincoln estava consciente do significado global da guerra quando afirmou, no discurso de Gettysburg, que esta deveria garantir "que o governo do povo, pelo povo, para o povo, não desaparecesse da face da terra".

Para nós que vivemos no final da segunda década do século XXI é algumas vezes difícil entender a posição dos partidos políticos norte-americanos na década de 1860. Os republicanos eram o partido da reforma, da nacionalização da autoridade e da extensão dos direitos. Os democratas, cujas ideias tinham muito apelo, ainda defendiam os direitos dos estados de definir quem era cidadão, concebendo uma forma de organização da nação que poderíamos classificar, pelos padrões atuais, como pré-moderna. A causa da extensão dos direitos civis, naquele momento, era uma bandeira republicana, cuja aceitação foi lenta, complexa e incompleta.

A vitória do Norte emancipou 4 milhões de seres humanos, estabelecendo a autoridade do governo federal sobre os estados e afirmando a ligação entre o fortalecimento do governo federal e das liberdades individuais. A intervenção do governo federal alterou a balança de poder entre os negros e os brancos no Sul do país, favorecendo as lutas dos últimos por seus direitos. Ela abriu o caminho para um novo padrão de intervenção estatal com as três emendas que garantiram o acesso dos negros ao mundo dos direitos. A Reconstrução permanece como um caso único, exceção feita talvez ao Haiti, em que os grupos libertos foram objeto de políticas efetivas de integração. Durante esse período, particularmente após a ratificação da 14ª Emenda, os negros chegaram a ocupar diversos cargos públicos e de representação tanto nos estados como no Congresso Nacional.

O colapso da Reconstrução foi consequência da violência indiscriminada de organizações terroristas do Sul e do descaso das autoridades do Norte em relação às medidas necessárias para proteger as instituições e pessoas envolvidas na transformação que estava em curso. Uma nova geração de líderes políticos, movidos por um nacionalismo conservador, enfatizou o desenvolvimento econômico capitalista e o papel crescentemente intervencionista dos Estados Unidos como potência emergente em prejuízo da luta pela expansão de direitos e garantias. Nesse cenário, o Estado nacional mostrou os limites da sua capacidade de intervenção ao renunciar à responsabilidade de definir e proteger os direitos civis dos norte-americanos, particularmente dos mais vulneráveis.

O novo Sul que emergiu com a "Redenção" constituiu uma sociedade segregada. O Partido Republicano praticamente desapareceu, deixando a região sob a administração de um único partido, o Democrata. No Sul esse grupo era comandado por uma elite reacionária que nos anos seguintes despojaria os negros dos direitos essenciais que haviam adquirido, governando-os como cidadãos de segunda classe. O afastamento do governo federal da arena de expansão dos direitos e sua concentração nas atividades relacionadas à expansão do mercado inauguraria uma nova era nos EUA, os chamados "anos dourados", durante a qual a política externa do país adquiriria um caráter crescentemente intervencionista, interrompido por curtos períodos de isolamento.

A principal consequência do fim da Reconstrução foi a marginalização do negro na sociedade americana. Esse fenômeno, que persiste nos dias atuais com grande intensidade, constitui o principal problema da política norte-americana contemporânea. Foi somente nos anos 1960 que a luta dos negros e de seus aliados no movimento dos direitos civis, junto a uma nova perspectiva de intervenção federal, procurou reverter essa situação. As lutas dos direitos civis e as iniciativas governamentais de bem-estar social, especialmente o programa conhecido como "A Grande Sociedade", estabelecido no governo do presidente democrata Lyndon B. Johnson (1963-1969), investiram nos processos de integração e apoio. A despeito dos avanços obtidos, os resultados ficaram aquém das metas ambiciosas.

A resistência da sociedade a uma ação mais vigorosa do Estado, a prevalência de crenças individualistas e a dificuldade em manter iniciativas sociais de longo prazo contribuíram para desacelerar essas propostas. Trata-se de um padrão que se repete na história daquela República. A despeito do enorme desenvolvimento econômico e tecnológico e de suas pautas civilizatórias, os Estados Unidos permanecem como uma das poucas economias industrializadas desprovidas de um sistema de proteção social abrangente.

Sugestões de leitura

ANDRÉ, José Gomes. *Razão e liberdade*: o pensamento político de James Madison. Lisboa: Esfera do Caos, 2012.

ARMITAGE, David. *A Declaração de Independência*: uma história global. São Paulo: Companhia das Letras, 2011.

AZEVEDO, Celia M. M. de. *Onda Negra, Medo Branco:* o negro no imaginário das elites século XIX. Rio de Janeiro: Paz e Terra, 1987.

BAILYN, Bernard. *Origens ideológicas da Revolução Americana*. São Paulo: Edusp, 2003.

BENDER, Thomas. *Historia de los Estados Unidos*: una nación entre naciones. Buenos Aires: Siglo Vientiuno, 2011.

BENSEL, Richard F. *Yankee Leviathan*: Origins of Central State Authority in America, 1859-1877. Cambridge: Cambridge University Press, 1990.

BERLIN, Ira. *Gerações do cativeiro:* Uma história da escravidão nos Estados Unidos. Rio de Janeiro: Record, 2006.

BERLIN, Ira; REIDY, Joseph; ROWLAND, Leslie S. (Orgs.). *Freedom – A Documentary History of Emancipation, 1861-1867*. Series II: The Black Military Experience. New York: Cambridge University Press, 1982, pp. 379-381.

CURRY, Leonard P. *Blueprint for Modern America*: Nonmilitary Legislation of the First Civil War Congress. Nashville: Vanderbilt University Press, 1968, pp. 10-35.

DAVIS, David B. *O problema da escravidão na cultura ocidental*. Rio de Janeiro: Civilização Brasileira, 2001.

174 ESTADOS UNIDOS

GOODWIN, Doris K. *Team of Rivals*: The Political Genius of Abraham Lincoln. New York: Simon & Schuster, 2005.

DOWNS, Gregory P.; MANSUR, Kate (Orgs.). *The World the Civil War Made*. Chapel Hill: The University of North Carolina Press, 2015.

DOYLE, Don H. *The Cause of All Nations*: An International History of the American Civil War. New York: Basic Books, 2015.

DUBOIS, W. E. B. *As Almas da Gente Negra*. Trad. Heloísa T. Gomes. Rio de Janeiro: Lacerda Editores, 1999.

_____. *Black Reconstruction in America, 1860-1880*. New York: Atheneum, 1969 (originalmente publicado em 1935).

EISENBERG, Peter L. *Guerra Civil Americana*. São Paulo: Brasiliense, 1987. (Col. Tudo É História.)

FONER, Eric. *Nada além da liberdade*: a emancipação e seu legado. Trad. Luiz Paulo Rouanet. Apresentação de John Monteiro. Rio de Janeiro: Paz e Terra, 1988.

_____. *Reconstruction: America's Unfinished Revolution, 1863-1867*. New York: Harper & Row, 1988.

GATES Jr., Henry Louis (Org.) *Classic Slave Narratives*. New York: Mentor Books, 1987.

HAHN, Steven. *A Nation Under our Feet*: Black political struggles in the Rural South from Slavery to the Great Migration. New York: Harvard University Press, 2003.

HOLZER, Harold (Org.). *The Lincoln-Douglas Debates*. The First Complete Unexpurgated Text. New York: Harper Collins, 1993.

IZECKSOHN, Vitor. *Duas guerras nas Américas*: raça, cidadania e construção do Estado nos Estados Unidos e Brasil (1861-1870). São Paulo: Alameda, 2020.

JUNQUEIRA, Mary A. *Estados Unidos*: Estado Nacional e Narrativa da Nação (1776-1900). São Paulo: Edusp, 2018.

_____. *Velas ao Mar: U.S. Exploring Expedition (1838-1842)*: a viagem científica de circum-navegação dos norte-americanos. São Paulo: Intermeios, 2015.

KARNAL, Leandro. *História dos Estados Unidos*: das origens ao século XXI. São Paulo: Contexto, 2007.

KEYSSAR, Alexander. *O direito de voto*: a controversa história da democracia nos Estados Unidos. São Paulo: Unesp, 2014.

KNAUSS, Paulo (Org.). *Oeste Americano*: quatro ensaios de história dos Estados Unidos de Frederick Jackson Turner. Niterói: EDUFF, 2004.

MADISON, James; HAMILTON, Alexander; JAY, John. *Os artigos federalistas*. Trad. Maria Luiza X. da A. Borges. Rio de Janeiro: Nova Fronteira, 1987.

MARQUESE, Rafael; SALLES, Ricardo (Orgs.). *Escravidão e capitalismo histórico no século XIX*: Cuba, Brasil e Estados Unidos. Rio de Janeiro: Civilização Brasileira, 2016.

McPHERSON, James M. *The Battle Cry of Freedom*: The Civil War Era. New York: Ballantine Books, 1988.

MIDDLETON, Richard. *A Guerra de Independência dos Estados Unidos da América, 1775-1783*. São Paulo: Madras, 2013.

MOORE, John L.; PREIMESBERGER, John P.; TARR, David (Orgs.). Congressional Quartely's Guide to U.S. Elections, Subsequent Edition. Washington, DC: C. Q. Press, 2001.

NORTHUP, Solomon. *Doze anos de escravidão*. São Paulo: Seoman, 2014.

NOVAES, Marcel. *O grande experimento*: a desconhecida história da Revolução Americana e do nascimento da democracia moderna. Rio de Janeiro: Record, 2016.

OLIVEIRA, Lúcia L. *Americanos*: representações da identidade nacional no Brasil e nos EUA. Belo Horizonte: Editora UFMG, 2000.

PAINE, Thomas. *Senso comum*. São Paulo: Martin Claret, 2005.

PAMPLONA, Marco A.; DOYLE, Don H. *Nacionalismo no Novo Mundo*: a formação dos Estados-nação no século XIX. Rio de Janeiro: Record, 2008.

SUGESTÕES DE LEITURA **175**

_____. *Revoltas, repúblicas e cidadania*: Nova York e Rio de Janeiro na consolidação da Ordem Republicana. Rio de Janeiro: Record, 2003.

PARRON, Tâmis. *A política da escravidão no Império do Brasil, 1826-1865*. Rio de Janeiro: Civilização Brasileira, 2011.

QUARLES, Benjamin. *Lincoln e o negro*. São Paulo: Martins, 1964.

RAFFAELLI, Marcelo. *Guerras europeias, revoluções americanas*: Europa, Estados Unidos e a Independência do Brasil e da América Espanhola. São Paulo: Unesp, 2018.

RICHARDS, Leonard L. *Shays's Rebellion*: The American Revolution's Final Battle. Philadelphia: University of Pennsylvania Press, 2002.

SKOWRONEK, Stephen. *Building a New American State*: The Expansion of National Administrative Capacities, 1877-1920. Cambridge: Cambridge University Press, 1982.

SYRETT, Harold C. (Org.). *Documentos históricos dos Estados Unidos*. São Paulo: Cultrix, 1960.

THOREAU, Henry D. *A desobediência civil e outros escritos*. São Paulo: Martin Claret, 2002.

VORENBERG, Michael. *Final Freedom*: The Civil War, the Abolition of Slavery and the Thirteenth Amendment. New York: Cambridge University Press, 2004, p. 213.

WINTHROP John. *The Journal of John Winthrop, 1630-1649*. Cambridge: Harvard University Press, 1996, p. 1.

WILENTZ, Sean. Andrew Jackson. *New York Times Books*. 2005, p.74-88; 104-120.

WOOD, Gordon. *A Revolução Americana*. Rio de Janeiro: Objetiva, 2013.

WRIGHT, John D. *História da Guerra Civil Americana*. São Paulo: M Books 2007.

GRÁFICA PAYM
Tel. [11] 4392-3344
paym@graficapaym.com.br